AF215153

Claudia Kerpa

**Frau sein,
Mensch sein,
glücklich sein...**
und wie MeerART mein Leben verändert hat.

www.MeerART.de

Bibliografische Informationen der Deutschen Nationalbibliothek:
Die Deutsche Nationalbibliothek verzeichnet diese Publikation in der
deutschen Nationalbibliografie, detaillierte bibliografische Daten sind im
Internet über http://dnb.dnb.de abrufbar.

© 2019 Claudia Kerpa // MeerART

Herstellung und Verlag
BoD – Books on Demand, Norderstedt

ISBN: 9783749484966

Dieses Buch ist urheberrechtlich geschützt. Alle Texte, Bilder, Grafiken
und das Layout dürfen nur mit ausdrücklicher Zustimmung der Autorin
verwertet werden. Das gilt besonders für die Vervielfältigung, den Nach-
druck und Verwendung in elektronischen Medien.

Umschlag: Ralph Kerpa (Gestaltung und Fotografie) www.kerpa.com
Konzeption, Layout, Satz: Claudia Kerpa
Portait: Marc Bernot (Seite 147)

Inhaltsverzeichnis

Vorwort

In diesem Buch schildere ich viele unschöne Erlebnisse, die mir in meinem Leben passiert sind. Zum Teil sind es Erlebnisse, die man lieber für sich behalten möchte, denn Ängste werden in unserer Gesellschaft zu gern als Schwäche ausgelegt. Doch ich habe die Erfahrung gemacht, dass Schweigen keine Lösung ist. Du kannst nur glücklich und selbstbestimmt leben, wenn du dich deinen eigenen Ängsten stellst beziehungsweise wenn dir erstmal bewusst wird, welche das sind. Nur dann hast du eine Chance, gegen sie anzukämpfen.

In diesem Buch werde ich nichts beschönigen und meine Erlebnisse genauso authentisch schildern, wie man es von meinen Texten auf MeerART kennt. Daher werde ich mir auch nichts aus den Fingern saugen, sondern erzählen, was mir tatsächlich passiert ist und was diese Erlebnisse mit mir gemacht haben.

Was mich auf meiner Reise zum Glück und zu einem selbstbestimmten Leben so erschüttert hat ist, dass ich gar nicht anders konnte, als zu scheitern. Unser System, unsere ganze Gesellschaft sind so aufgebaut, dass wir immer nur mit unseren Schwächen konfrontiert werden, aber nur selten mit unseren Stärken. Ängste aufzubauen, scheint in unserer Gesellschaft das Mittel zum Zweck, um nicht nur vergleichbar, sondern auch kontrollierbar zu sein. Jeder bedient sich dieses Instruments. Es fängt in der eigenen Familie an, geht in der Schule und Ausbildung weiter und auch die Kirche und die

Politik machen nur zu gern davon Gebrauch, den Menschen ihren Willen durch Schüren von Ängsten aufzuzwingen.

Aber warum sollen wir uns überhaupt miteinander vergleichen? Auf welcher Grundlage? Jeder Mensch ist ein Individuum mit eigenen Stärken und Schwächen. Dazu kommt die eigene Lebenserfahrung, die einen ebenfalls prägt. Stattdessen werden wir in unserer Gesellschaft zu gern in zwei Gruppen aufgeteilt. Auf der einen Seite stehen die Gewinner und auf der anderen Seite die Verlierer. Schwarz oder weiß?! Wie arm das ist. Dabei ist unsere Welt doch so vielfältig und bunt.

Viele Motivationstrainer nehmen das zum Anlass und würden jetzt die Frage stellen, auf welcher Seite du stehen willst. Auf der Verlierer- oder auf der Gewinnerseite? Da niemand ein Verlierer sein will, wird jeder automatisch natürlich zu den Gewinnern gehören wollen. Aber das ist mir ehrlich gesagt zu einfach und schürt in meinen Augen nur wieder neue Ängste, die mitunter Rückschläge zur Folge haben können.

Ich will dir mit meinen Erlebnissen zeigen, dass jedes Scheitern überhaupt kein Versagen ist, sondern nur die Erkenntnis bringt, dass dies noch nicht der richtige Weg für dich war. Anhand meiner Erfahrungen, was sie mit mir gemacht haben und was ich daraus für mich gelernt habe, möchte ich zeigen, dass Scheitern zum Leben genauso dazugehört wie der Erfolg. Yin und Yang, das eine geht nicht ohne das andere.

Da ich noch nie ein Buch geschrieben habe, wird es mit Sicherheit nicht perfekt sein, aber das muss es auch nicht. Auch darum geht es mir, einfach mal den Mut haben, Dinge auszuprobieren. Ich bin weder ein Professor noch ein Doktor oder ein Psychologe, sondern einfach nur eine Frau mit eigenen Erfahrungen, die dir als Mensch, als Frau und vielleicht auch ein wenig als Freundin Mut machen möchte, auch aus deinem Leben mehr zu machen.

Von Herzen deine Claudia

Einleitung

Was hat mich dazu bewegt, dieses Buch zu schreiben? Und um welche Themen geht es?

Mit diesem Buch möchte ich darüber sprechen, warum so viele Menschen von uns zum Scheitern verurteilt sind. Ich möchte aber auch zeigen, wie du aus dem Kreislauf von Angst und Selbstzweifel rauskommst. Welches Handwerkszeug es gibt, um ein selbstbestimmtes und glückliches Leben zu führen. Auch möchte ich gerade Frauen Mut machen, sich dem demografischen Wandel zu stellen, denn dieser bietet uns nicht nur Möglichkeiten zur beruflichen Weiterentwicklung, sondern auch die Chance, neue Lebens- und Arbeitsmodelle zu realisieren. Und das Schöne ist, dass sich so auch der Spagat zwischen Familie und Beruf viel einfacher gestalten lässt, da wir beides flexibler leben und gestalten können.

Mir ist klar, dass wir unser Wertesystem so schnell nicht ändern können. Trotzdem möchte ich Mut machen, weil es wichtig ist, dass wir an uns selbst glauben. Anhand meiner Erfahrungen möchte ich dir nicht nur zeigen, wie du den Kreislauf aus Selbstzweifel, Angst, Frust und Unzufriedenheit unterbrechen kannst, sondern wie schön es ist, selbstbestimmt zu leben. Mehr noch, wie du dabei über dich selbst hinauswachsen kannst. Dazu müssen wir uns erstmal klar werden, was uns in der Regel so unzufrieden und hilflos werden lässt.

Wir, und damit meine ich uns Menschen in Deutschland, leben zwar in einer modernen Gesellschaft, aber schleppen ein uraltes Erbe mit uns herum. Viele alte Strukturen sind noch lange nicht aufgebrochen. Strukturen, die dafür sorgen, dass wir als Mensch eigentlich von Anfang an nur scheitern können, und zwar schon gleich nach der Geburt. Wir haben immer vorgegebenen Idealen zu entsprechen und wenn wir das nicht tun, dann sind wir im besten Fall zwar nicht „unten durch", aber wir entsprechen nicht dem, was von uns erwartet wird. Was nicht selten dazu führt, dass wir nicht bedingungslos geliebt werden. Bedingungslose Liebe ist aber wichtig, um Mensch sein zu dürfen, mit allen Eigenschaften, die einen Menschen ausmachen.

Traurigerweise trifft das auch nach wie vor auf uns Frauen zu. Ehrlicherweise ein Umstand, der mich total erschreckt. Fakt ist leider, dass viele Frauen nach wie vor nicht die gleichen Rechte haben wie Männer und da brauchen wir gar nicht erst in andere „religiösere" Länder zu schauen. Die Gleichberechtigung der Frauen in unserem Land ist vergleichbar mit der deutschen Wiedervereinigung. Wir haben sie zwar, aber in den meisten Köpfen wird sie – ob bewusst oder unbewusst – nach wie vor nicht gelebt. Die Tatsache, dass viele Frauen in unserer Gesellschaft noch damit zu kämpfen haben, als gleichwertige Personen angesehen zu werden, ist mit ein Grund, warum viele ein vermindertes Selbstbild haben. Auch deshalb habe ich dem Buch diesen Titel gegeben, denn ich möchte daran erinnern, dass wir alle das Recht auf Glück in unserem Leben haben.

Dank meiner Mutter hatte ich zwar das Glück, so aufzuwachsen, dass ich als Frau genauso viel zähle wie als Mann. Zumindest hat sie mir trotz aller Umstände dieses Gefühl immer gegeben und später auch mein Mann. Wie jedoch die Gesellschaft mit mir umgegangen ist, egal ob Lehrer, Ausbilder oder Kollegen, darauf gehe ich später in diesem Buch noch ein.

In diesem Buch möchte ich mich also damit beschäftigen, was es heißt, Mensch zu sein, Frau zu sein und dabei auch das Recht zu haben, glücklich zu sein. Glück hat jeder in seinem Leben verdient. Und dafür braucht es keine materiellen Güter, so wie uns das die Werbeindustrie immer glauben lassen möchte. Gekauftes Glück ist nur eine Ersatzbefriedigung, die viel zu schnell wieder verblasst. Was bleibt, ist das gleiche leere Gefühl wie vorher. Von daher erschreckt es mich auch, dass viele Menschen sich immer noch so von der Werbeindustrie manipulieren lassen und Produkte kaufen, die sie eigentlich nicht brauchen. Glücklich macht das jedenfalls nur die Wirtschaft, die natürlich kräftig daran verdient. Es macht mich traurig zu sehen, dass viele diesem Irrtum verfallen und glauben, wenn sie sich all die materiellen Dinge leisten können, dann werden sie auch zu glücklichen Menschen.

Glück kann man aber nicht kaufen. Dummerweise fliegt es einem auch nicht einfach so zu. Man kann/darf es sich aber erarbeiten. Das Tolle ist, du hast es für dich in der Hand. Jeder Einzelne, auch du kannst etwas tun, um glücklich zu sein. Dafür gibt es ganz unterschiedliche Wege.

Meinen Weg zum Glück verrate ich dir ebenfalls in diesem Buch.

Aufgrund der Strukturen, in die wir hineingeboren wurden, neigen wir Menschen immer dazu, uns zu vergleichen. Aber was macht das mit uns? Fühlen wir uns dadurch besser oder schlechter? Jeder Mensch hat mit persönlichen Schicksalen zu kämpfen und seine ganz eigenen Erlebnisse und Erfahrungen gemacht, die sich nicht einfach vergleichen lassen. Unser Leben ist nicht schwarz oder weiß, sondern hat ganz viele kleine Graustufen, die die Details ausmachen. Und wenn wir es schaffen, unseren Alltag glücklich zu gestalten, dann sprüht das Leben voller Farbe.

Trotzdem möchte ich das „sich vergleichen" nicht unbedingt verteufeln. Es kann tatsächlich auch eine Hilfe für dich sein. Mir persönlich helfen Vergleiche immer dann, wenn ich mir bewusst machen möchte, wie weit ich in meinem Leben schon gekommen bin und was ich geschafft habe, positiv für mich zu verändern. Nicht anwenden würde ich einen Vergleich mit anderen, wenn du dazu neigst, dass es dich runter zieht oder demotiviert.

Angenommen, ich würde mich und mein Leben, also das, was mir in den ersten zwanzig Jahren meines Leben Unschönes begegnet ist, jetzt trotzdem mit anderen Menschen und ihren Schicksalen vergleichen (also auf einer Skala von eins bis zehn), dann würde ich mich mit meinen Kindheits-Erlebnissen – und später je nach Lebensphase vor der Erkenntnis eines selbstbestimmten Lebens – zwischen fünf und sieben einordnen. Das heißt also, ich bin irgendwo in der Mitte anzusiedeln. Und was bedeutet das nun? Bin ich besser oder schlechter dran gewesen? Habe ich deshalb auch nur das Recht, mittelmäßiges Glück zu erfahren? Natürlich nicht. Ich habe genauso wie du und jeder andere Mensch auf dieser Welt das Recht, in vollem Umfang glücklich zu sein.

Wie ich mein Glück gefunden habe und wie ich versuche, es zu behalten, erzähle ich dir ebenfalls in diesem Buch. Ich nehme dich mit auf eine Reise durch mein eigenes Leben und mein Wunsch ist es, dass du im Anschluss selber auf die Reise durch dein eigenes Leben gehst und versuchst, dir das Glück, das du glaubst, da draußen verloren zu haben, zurückzuholen.

Egal was dir vorher in deinem Leben passiert ist: Ich möchte dir nicht nur zeigen, wie du aus deiner Opferrolle ausbrechen und dein Leben selbst in die Hand nehmen kannst, sondern was für eine wundervolle Wirkung du damit für dich und dein Leben erzielst.

Kapitel eins

Warum wir eigentlich gar nicht anders können, als zu scheitern

Das liegt in der Tat an unserem Wertesystem und wie wir von unseren Eltern, Lehrern und Ausbildern oder von der Kirche erzogen werden. Wir lernen von Anfang an, dass wir uns an ein System anpassen müssen, egal ob wir uns in diesem wiederfinden oder nicht. Auf keinen Fall dürfen wir in irgendeiner Form aus der Rolle tanzen. Tun wir es doch, werden wir dafür bestraft.

Der französische Autor Marcel Pagnol beschrieb das ganz treffend:

„Im Leben lernt der Mensch zuerst gehen und sprechen. Später lernt er dann, still zu sitzen und den Mund zu halten."

In unserem Bildungssystem wird jede Form der Kreativität einfach abgewürgt. Aus einer farbenfrohen Welt wird eine graue.

In diesem Kapitel werde ich einige negative Erlebnisse aus meiner Kindheit anreißen, um dir zu verdeutlichen, warum ich mir mit Anfang zwanzig in meinem Leben bereits nichts mehr zugetraut habe. Es kann sein, dass ich an der einen oder anderen Stelle mal hin- und herspringe, denn obwohl ich inzwischen gelernt habe, damit umzugehen, ist es auch für mich sehr emotional, wenn ich meine Erlebnisse schwarz auf weiß zu Papier bringe. Vor allem weil mir bewusst ist, dass ich mit derartigen Negativ-Erfahrungen nicht alleine dastehe und dass unsere Gesellschaft mit Sicherheit eine ganz andere wäre, würden unsere Stärken und Kompetenzen mehr gefördert werden. Stattdessen müssen wir – und ich mag dieses Wort „müssen" überhaupt nicht – uns in unserem gesellschaftlichen System immer erst beweisen, bevor wir Anerkennung oder Lob erhalten.

Das fängt schon im Babyalter an und wird durch Schule und Beruf weiter geschürt. Dabei sollten wir gerade im Elternhaus und in der Schule beziehungsweise in der Ausbildung auf unser weiteres Leben behutsam vorbereitet und in dem, was wir tun, bestärkt werden. Selbst wenn wir dabei Fehler machen, denn Fehler machen zu dürfen gehört doch zum Lernen dazu. Wie sonst sollten wir dazulernen, wenn nicht durch Fehler? Fehler zu machen wird uns als Schwäche ausgelegt. Auch unsere Eltern und Großeltern haben dieses System durchlaufen. Daher vererben sie es uns – ohne es zu hinterfragen – schlicht und ergreifend immer wieder weiter. Und du, wenn es dir nicht bewusst wird, eben auch wieder an deine Kinder usw.

Im Übrigen, wie es anders laufen kann, sieht man bei unseren dänischen Nachbarn, die ihre Kinder von Anfang als gleichberechtigt ansehen und sie in ihrer persönlichen Entwicklung unterstützen und stärken. Dänen betrachten Kinder als grundsätzlich gut und richtig und begegnen ihnen mit Respekt. Wohl mit ein Grund, warum Dänemark seit fast vierzig Jahren regelmäßig von der OECD (Organisation für wirtschaftliche Entwicklung und Zusammenarbeit) zu dem Land mit den glücklichsten Menschen gewählt wird. Auch der World Happiness Report der UN und ähnliche Auswertungen sehen das nordische Land immer wieder an der Spitze des Rankings.

Eigentlich ist das ganz einfach erklärt, denn wenn glückliche Kinder zu glücklichen Erwachsenen heranwachsen, ziehen diese wiederum auch glückliche Kinder groß und so weiter. Es gibt also viel, was wir von dänischen Eltern lernen können. Wer mehr darüber erfahren möchten, für den ist vielleicht das Buch „Warum dänische Kinder glücklicher und ausgeglichener sind" ganz spannend. Die Autorinnen Jessica Joelle Alexander und Iben Dissing Sandahl lüften darin das Geheimnis der dänischen Kindererziehung.

Aber zurück nach Deutschland. Jedes Kind, das auf die Welt kommt, hat das Recht, bedingungslose Liebe zu erfahren. Das passiert, wie gesagt, leider nur in den seltensten Fällen. Zumal es in der Regel nicht bewusst, sondern unbewusst geschieht. Eltern projizieren ganz unbewusst eigene Ängste und Denkweisen auf ihre Kinder. Sie geben ihren Kindern mit, was sie bei ihren eigenen Eltern gelernt haben. Das eigene Verhalten wird auch gar nicht hinterfragt, denn die Eltern sind schließlich Vorbilder, Beschützer und all das, was man von ihnen gelernt hat, ist doch richtig, nicht wahr?

Die Antwort lautet nein. In der Regel sind sie selbst Opfer und haben nicht gelernt, wie sie ihr Leben selbstbestimmt in die Hand nehmen können. Ihnen ist zwar oft bewusst, dass sie bei ihren Kindern all das, was sie selbst bei ihren Eltern nicht mochten, definitiv anders machen möchten. Blöd nur, dass dies geschieht, ohne dass sie verstanden haben, warum etwas schieflief. Sie sehen sich selbst nicht nur als Opfer, sondern fühlen sich meist auch noch hilf- oder machtlos. Je mehr sie versuchen, sich gegen ihre eigene Unzufriedenheit aufzulehnen und es anders machen zu wollen, desto stärker projizieren sie genau dieses Verhalten wieder auf ihre eigenen Kinder. Ein Kreislauf, der nur unterbrochen werden kann, wenn man selbstbestimmt handelt und sich selbst nicht mehr als Opfer sieht.

Warum Mütter nie alles richtig machen können und trotzdem nicht scheitern

In meinem Fall war ich ein absolutes Wunschkind. Ich war also kein Unfall und auch nicht zufällig passiert, sondern definitiv ein Wunschkind meiner Mutter. Blöd daran war nur, dass ich von Anfang an in eine Beziehung hineingeboren wurde, die schon lange vor meiner Zeugung zum Scheitern verurteilt war. Dabei sollte ich als Wunschkind gar nicht mal so sehr die Beziehung retten – was bei vielen Paaren leider heute noch gängige Praxis ist –, sondern sie vermutlich nur erträglicher machen. Die Beziehung sollte also weiter ausgehalten werden. Wie furchtbar...

Meine Mutter hat – wie ich finde – als Kind, als Teenie und später als junge Frau Entsetzliches durchmachen müssen. Sie war weder ein Wunschkind noch wurde sie von den eigenen Eltern wirklich geliebt. Alles wonach sie sich so sehr sehnte war Liebe. Von außen, also weder von Eltern, Familie oder Mitmenschen, hat sie diese Liebe in ihrer prägenden Zeit erfahren dürfen. Um nicht selber in diesem für sie so grausamen und dunklen Leben unterzugehen, sehnte sie sich nach einem Menschen, der sie bedingungslos liebte: ein Kind.

Ich habe zwar einen älteren Bruder, aber der war wohl aus irgendeinem Grund, der mir nicht klar ist, schon zu sehr in dieses dunkle Leben, das sie umgab, verstrickt. Nicht, dass sie meinen Bruder nicht liebte, das tat und tut sie über alles, dennoch fehlte etwas in ihrem Leben, das ihr Halt gab. Sie brauchte, um ihr Leben weiter meistern zu können – oder eigentlich müsste ich sogar sagen, um überleben zu können – einen Halt. Mich.

Im Nachhinein hat mir meine Mutter mal erzählt, dass, während ich in ihr heranwuchs, sie schon genaue Vorstellungen davon hatte, wie ich einmal sein beziehungsweise aussehen werde. Sie hat all ihre Energie, ihre Kraft und ihre Liebe in diesen Winzling – ihr Wunschkind, welches unbedingt ein Mädchen sein sollte – in ihrem Bauch gesteckt. Wenn das nicht so herzlich und traurig zugleich wäre, könnte man meinen, ich sei gebacken worden. Doch die Wahrheit ist, ich wurde zu ihrem Anker für ihr eigenes Leben. Was ich damit sagen will: Ich hatte schon ein Bedürfnis zu erfüllen, obwohl ich noch nicht mal auf der Welt war. Eine Bürde, die mich in meinem eigenen – ganz persönlichen – Leben noch vor jede Menge Herausforderungen stellte.

Wenn meine Mom diese Zeilen liest, dann wird sie vermutlich wieder in Tränen ausbrechen, aus Angst, etwas falsch gemacht zu haben. Das braucht sie aber so ganz und gar nicht. Ich bin ohne Ende stolz auf sie, wie sie ihr eigenes Leben – trotz aller Erfahrungen und Erlebnisse – selber gemeistert hat. Sie ist die beste Mom, die ich mir vorstellen kann und ich hätte mir keine andere wünschen wollen. Ich habe sie ohne Ende lieb und bin ihr wirklich von ganzem Herzen dankbar, für die ganze Liebe und all das, was sie mir für meinen weiteren Lebensweg mitgegeben hat.

Es war ein langer und harter Weg für mich, bis ich für mich erkannte, wie ich mein Leben – ohne jede Art von Schuldgefühlen – selber in die Hand nehmen konnte. Dennoch wäre ich heute nicht die Person, die ich jetzt bin, hätte ich nicht genau all das durchlebt. Es hat mich nicht nur geformt, sondern es ist ein Teil von mir. Wenn man das eigene Leben annehmen kann, dann ist das ein ganz wichtiger und ehrlicher Schritt zur Selbsterkenntnis.

Tatsächlich ging die Beziehung meiner Eltern dann doch in die Brüche, als ich ein Jahr alt war. Meine Mutter hatte den Mut, den Ehebrecher und Nichtvater zu verlassen – mit schwerwiegenden Folgen. Wenn ich das aus heutiger Sicht erzähle, kann man sich gar nicht mehr vorstellen, dass das in

Deutschland so, vor nicht allzu langer Zeit, noch möglich war. Aber so war es. Frauen hatten in den Siebzigern noch lange nicht die gleichen Rechte und Möglichkeiten wie heute. Falls bei einer Scheidung der Mann nicht für den Unterhalt aufkam, gab es für die Frau keine finanzielle Unterstützung vom Staat.

Nochmal zur Erinnerung: Noch bis 1977 waren Frauen gesetzlich „zur Führung des Haushaltes" verpflichtet. Verließ eine Frau ihren Mann – egal warum –, galt das nach dem „Schuldprinzip" als „böswilliges Verlassen". Als „Schuldige" bekam eine Frau keinen Unterhalt, stand also finanziell vor dem Nichts. Auch das Sorgerecht erhielt sie nicht.

Meine Mutter trennte sich 1975. Somit hatte dieser Unmensch ein leichtes Spiel. Eine alleinstehende Frau konnte schließlich keine Kinder ernähren geschweige denn erziehen. Der Mensch, der mich gezeugt hatte, drohte meiner Mutter nicht nur damit, ihr die Kinder wegzunehmen, sondern er tat es auch. Er erdreistete sich, uns als Familie zu trennen. Das hieß, er kam mitten in der Nacht und riss mich und meinen Bruder auseinander. Damals schliefen wir immer gemeinsam in einem Bettchen. Er verschleppte meinen Bruder zu einer seiner Liebschaften, die er gleich nach der Scheidung heiratete. Damit konnte er meine Mutter erst recht bloß stellen. Er präsentierte der Öffentlichkeit eine neue Frau „Mutter" für die Kinder und stellte dies als intakte Familie dar, während meine Mom als Alleinerziehende schließlich nicht in der Lage sein konnte, uns allein zu versorgen.

Mich wollte er wohl ebenfalls noch nachholen. Warum er es nicht gleich an dem Abend tat, weiß ich nicht. Genau wie ich mir nicht erklären kann, woher meine Mom die Kraft aufbrachte, dass ihm dies nicht gelang. Vermutlich wäre sie sogar bereit gewesen, ihn umzubringen, wenn er mich auch noch geholt hätte. Ich blieb, die Familie war trotzdem entzweit. Ein Schicksal, mit dem wir alle drei, meine Mom, mein Bruder und ich, lange zu kämpfen hatten.

Einem Elternteil die Kinder wegzunehmen und ganz besonders von der Mutter ist mit Sicherheit das Schlimmste, was passieren kann; sie als Geschwister zu trennen, das ist für alle unerträglich. Zurück bleibt die Frage: Warum ich? Die Frage quälte meinen Bruder und mich, sie beschäftigte jeden von uns auf seine Weise. Wie sollte meine Mom meinem Bruder erklären, dass er nicht bleiben durfte? Dass meine Mutter daran nicht zerbrochen ist, dass eines ihrer Kinder nun weg war, wundert mich bis heute. Da ich in diesem Buch aber über mich schreibe, möchte ich natürlich – der Privatsphäre wegen – nur auf meine eigenen Folgen eingehen.

Ich durfte also bei meiner Mutter bleiben. Wuchs damit getrennt von meinem Bruder auf. Obwohl ich als Geschwisterteil das Glück hatte, bei meiner Mutter bleiben zu dürfen, quälten mich Fragen wie: Warum durfte ich bleiben, aber mein Bruder nicht? Warum hat mein Erzeuger meinen Bruder als Erstes mitgenommen und mich liegen gelassen? Hat er mich weniger lieb gehabt? Lag es daran, dass ich ein Mädchen war? Bin ich es nicht wert gewesen? Und, und, und...

Fragen, die bei mir eine Menge Selbstzweifel gehegt haben und auf die ich als Kind natürlich keine Antworten fand.

Damals als Scheidungskind aufzuwachsen hatte aber weitaus noch mehr Folgen für mich. In erster Linie sehnte auch ich mich nach Liebe und vor allem nach einer heilen Familienwelt. Von meiner Mutter bekam ich zwar jede Menge Liebe geschenkt, sie überschüttete mich quasi und versuchte wirklich alles, damit es mir an nichts fehlte. Doch ich fühlte mich nicht vollständig. Ein Elternteil und der Bruder fehlten.

Um uns zu ernähren, musste meine Mutter arbeiten, also kam ich viel zu früh in den Kindergarten und später war ich dann immer das Schlüsselkind. Wenn ich aus der Schule kam, dann immer in eine leere Wohnung. Frauen wurden im Berufsleben natürlich auch nicht gleichwertig bezahlt. Das Geld war sehr oft knapp und ich erinnere mich, dass ich im Kindergarten zwar versorgt war, meiner Mom dagegen zum Monatsende oft nur trockene Brötchen blieben.

In einer Zeit, in der Scheidungen noch die Ausnahme waren, wurde das Gefühl, anders zu sein, in mir noch weiter verstärkt. Und meine Außenwelt tat alles, um mir das Leben noch schwerer zu machen.

Nachfolgend möchte ich mal ein paar Beispiele aufführen, die mich maßgeblich geprägt haben...

Lehrer machten auch nicht halt vor bösen Aussagen. Sätze wie: Was soll aus dir schon werden?! Du wächst ohne Vater auf und deine Mutter hat auch keine Zeit für dich. Aus dir wird mit Sicherheit mal nichts! An dir geht doch jegliche Erziehung vorbei. Du gehörst bestimmt auch mal zu denen, die Drogen nehmen werden.

Ja, solche und viele andere Sätze musste ich mir als Kind, wohlgemerkt von Lehrern, anhören. Logisch, dass diese Aussagen an der eigenen Seele und am Selbstwertgefühl nagen. Dieser gleiche Lehrer stellte auch die Behauptung auf, ich sei in ihn verliebt. Dabei habe ich nur das gemacht, was meine Mom mir beigebracht hatte. Nämlich, dass es einfach höflich ist, dem Menschen, der mit dir spricht, in die Augen zu schauen. Als wohlerzogenes Mädchen tat ich das. Von wegen keine Erziehung. Infolgedessen fühlte sich der Lehrer also zu so einer absurden Aussage genötigt.

Auch in der eigenen Familie fand ich nur wenig Halt. Es war zwar irgendwann so weit, dass wir als Geschwister wenigstens die Ferienzeiten miteinander verbringen konnten, aber wir teilten unser Schicksal – unser Leid. Verbrachten wir die Schulferien bei meiner Mom, dann versuchte sie, meinem Bruder natürlich all die Liebe zu geben, die sie ihm sonst nicht geben konnte. Das konnte ich für mich damals nur schwer einordnen, denn ich fühlte mich dann immer ein wenig vernachlässigt. Was natürlich – aus heutiger Sicht – totaler Quatsch war. Verbrachten wir die Ferienzeit bei unserem Erzeuger, dann war der nie da. Da bekamen wir nur die schlechte Laune seiner neuen Frau zu spüren, die seit der

Heirat nicht mehr die erste Geige in seinem Leben spielte, sondern wieder eine neue Geliebte.

Im Übrigen, falls du dich fragst, warum ich immer vom „Erzeuger" und nicht vom „Vater" spreche, das liegt daran, dass ich nie einen hatte. Dieser Mann war Samenspender und mehr nicht. In all den Jahren, bis zum Erwachsenwerden, hatte er nie Zeit für mich. Obwohl, so ganz stimmt das nicht. Es gab die Fünf-Minuten-Perioden. Manchmal hatte er sich doch an mich erinnert bzw. wurde aufgefordert, sich an mich zu erinnern. Dann bekam ich ganze fünf Minuten seiner Aufmerksamkeit. Nicht selten warteten zur gleichen Zeit seine Fahrschüler im Auto auf ihn. In dieser kurzen Zeit sollte ich dann auf Kommando erzählen, was ich erlebt habe und was mich bewegte. Diese Zusammenkünfte, die in unregelmäßigen Abständen alle paar Monate mal stattfanden, haben mich immer total aus der Bahn geworfen. Dabei sehnte ich mich doch so sehr nach meinem Papa und nach seiner Aufmerksamkeit und Liebe.

Auch die Großeltern kamen mit der Situation „Scheidung" nur schwer zurecht. Wie auch, weder vom Staat noch von der Kirche war eine Scheidung rechtens. Auch sie waren von den Verhaltensmustern, die sie von ihren eigenen Eltern geerbt hatten, geprägt. Dazu kam der Umstand, dass sie der Kriegsgeneration angehörten und zusätzlich noch mit ganz extremen Kriegs-Erlebnissen fertig werden mussten. Das nahm im Alltag sehr viel Raum ein, denn jeder hatte logischerweise mit seinem eigenen Schicksal irgendwie fertig zu werden. Die Großeltern der Erzeugerseite sind katholisch gewesen und hatten dazu noch ihre ganz eigene Baustelle. Deren Beziehung war ebenfalls eine Katastrophe und den Frust darüber – Scheidung war schließlich eine Sünde – bekamen wir Kinder auf eine ganz spezielle Weise zu spüren.

Die beiden führten damals eine Pension. Als ich älter wurde, wurde ich beim Besuch der Großeltern eigentlich immer nur zum Putzen der Zimmer abbestellt. Wenn dann doch mal ein wenig Zeit übrig blieb und ich zum Beispiel bei meinem Opa auf dem Schoß saß und mich freute, endlich mal von einer männlichen Bezugsperson in den Arm genommen zu werden, wurde ich von der Oma sofort gemaßregelt. Ich solle das gefälligst unterlassen. Nicht selten bekam ich auch von ihr an den Kopf geworfen, dass ich schuld an der Trennung sei. Wieso ich? Wie kann ich denn schuld sein? Was habe ich als einjähriges, kleines Mädchen schon ausrichten können, dass sich meine Eltern getrennt haben?

Bevor ich zu den Großeltern mütterlicherseits komme, die auf ihre Art auch ganz speziell waren, möchte ich noch eine Zwischengeschichte einfügen.

Meine Mom war noch sehr jung und es kam die Zeit, da verliebte sie sich in einem Mann. Dieser trat dann irgendwann in unser Leben. Er selbst war geschieden und viel älter als meine Mutter. Dieser Mann schaffte es, mir mit seelischen Grausamkeiten das Leben so richtig zur Hölle zu machen. Egal was ich machte und so sehr ich mich bemühte, ich konnte es ihm nie recht machen. Er beschimpfte und bestrafte mich, wo er nur konnte. Ein ganz kleines Beispiel am Rande... Benutzte meine Mom ein Parfum, bekam sie dafür von ihm Komplimente. Nahm ich jedoch das Parfum – ich wollte doch auch Liebe und Lob –, dann musste ich mir anhören, ich stinke wie zehn Nutten von der Straße.

Hatte ich mal Schuldfreunde mit nach Hause gebracht, war er stets zuckersüß zu ihnen, so dass mir niemand Glauben schenkte, wenn ich erzählte, wie er mit mir umging. Dieser Mann war sogar so dreist, das gleiche Spiel zu spielen, wenn mein Bruder in den Ferien zu Besuch kam. Dann allerdings umgekehrt. Auf einmal war ich das liebe Kind, während mein Bruder nur ein Nichtsnutz war. Er trieb regelrecht einen Keil zwischen meinen Bruder und mich. Leider dauerte es ein paar Jahre, bis meine Mom die Kraft fand, diesen Menschen wieder zu verlassen. Wie gesagt, damals war einfach noch eine andere Zeit.

Nach der Trennung zogen wir zu meinen Großeltern. Den Menschen, die meiner Mom das Leben als Kind zur Hölle gemacht hatten. Als Kind wusste ich davon noch nichts, denn meine Mom versuchte mich immer vor allem zu beschützen. Und zu mir als Enkelkind waren sie schließlich anders. Also nahm sie die Bürde auf sich und hoffte damit, mir etwas Gutes zu tun. Vor allem, damit ich endlich kein Schlüsselkind mehr sein musste. Eine Weile fühlte es sich für mich auch so an.

Was ich an dieser Stelle auch noch einfügen möchte ist, dass mir im Leben auch noch eine weitere ganz wichtige Konstante gefehlt hat – Freunde. Sowohl berufliche als auch private Lebensumstände sorgten dafür, dass wir oft umgezogen sind. Ich dadurch nie länger als zwei Jahre in einer Schulklasse war und somit auch immer wieder aus meinem sozialen Umfeld gerissen wurde.

Wenn ich die negativen Erlebnisse so geballt aufzähle, erweckt das den Eindruck, als sei meine Mutter ein schlechter Mensch gewesen – so nach dem Motto: „Was hat sie dem Kind bloß zugemutet" – aber mitnichten. Sie war die beste Mutter, die ich mir hätte wünschen können. Alle Entscheidungen, die sie für sich und damit für uns getroffen hat, resultierten immer aus der jeweiligen Situation heraus in der sie damals steckte.

Heute weiß ich das. Als Kind dachte ich natürlich anders. Auch verstand ich viele Zusammenhänge nicht. Das war auch kein Wunder, denn Lügen sollten mich angeblich vor der Konfrontation mit der eigentlichen Wahrheit schützen. Was aber fatal ist, denn Kinder denken nämlich ganz logisch und unkompliziert.

Auch da mal ein kleines Beispiel aus meiner Kindheit. Als ich meinen Erzeuger fragte, warum er und Mama sich nicht mehr lieb haben, bekam ich die Antwort „weil ich Mama keine Blumen mehr mitgebracht habe". Ergo, als Kind denke ich, Blumen okay... dann schenk ihr doch jetzt wieder Blumen und dann können wir wieder eine richtige Familie werden.

Natürlich lag es nicht an den Blumen, sondern an den vielen Fehltritten seinerseits. Er von der Kirche lieber fremde Frauen nach Hause brachte als die eigene, die eines Tages sogar auf dem Nachhauseweg überfallen wurde.

Gerade weil man das alles versucht hat vor uns Kindern zu verbergen, konstruierst du dir als Kind deine ganz eigene Sicht der Dinge. Ich glaube, aufgrund dessen habe ich meiner Mom ziemlich oft Vorwürfe gemacht. Ich konnte nicht verstehen, warum sie sich so anstellte. Wenn das so wichtig für sie ist, dann könnte ich ihr doch anstelle von Papa Blumen schenken.

Notgedrungen versuchte sie wiederum zu erklären, dass es nicht nur an den Blumen lag, sondern dass da auch noch etwas anderes war. Nur was? Ich hatte nichts Greifbares und so setzte sich in meinem Fall der Gedanke immer mehr fest, dass vielleicht doch ich der Grund der Trennung sei.

Ihr seht, was Unwahrheiten auslösen können, darum rate ich allen Eltern: Schont eure Kinder nicht und sagt ihnen bei einer Scheidung die Wahrheit. Dass etwas nicht stimmt, kriegen sie eh mit und mit Ehrlichkeit erspart ihr euren Kindern eine Menge neuen Kummer. Hätte ich zum Beispiel früher von den Fehltritten meines Erzeugers gewusst und wie er mit meiner Mutter in Wirklichkeit umgegangen ist, hätte ich ihm sicherlich nicht so lange hinterhergeweint. Und schon gar nicht hätte ich so vergeblich um seine Aufmerksamkeit gekämpft. Gefehlt hätte er natürlich trotzdem.

Auch wegen derartiger Unwahrheiten habe ich viele Entscheidungen, die meine Mutter damals getroffen hatte, nicht verstanden. In meinem Kopf ging ein ganz anderer Film ab. Gedanken, die mit einer Kinderseele sehr viel machen und Folgen für das spätere Leben – mein Leben – hatten.

Was bedeutet Weihnachten eigentlich für Scheidungskinder?

Weihnachten ist in der Tat ein sehr schwieriges Thema und ich habe lange überlegt, an welche Stelle des Buches ich das Thema platziere. Da ich erst vor kurzem angefangen habe mich damit auseinanderzusetzen, möchte ich auf Weihnachten am Ende des zweiten Kapitels näher eingehen.

Wie war nun das Leben für mich bei meinen Großeltern?

Anfangs fühlte sich das alles sehr gut für mich an. Ganz besonders nach der Zeit mit diesem Tyrannen, der mir seelisch so zugesetzt hatte. Mir wäre jedes Mittel recht gewesen, um das Leben dort hinter mir zu lassen. Doch der erneute Umzug stellte mich wieder vor neue Herausforderungen. Wieder eine neue Schulklasse. Ich kam damals auf der Realschule schon in eine bestehende Klasse und war nicht nur wieder die Neue, sondern das Schulsystem in Schleswig-Holstein war viel weiter als in Nordrhein-Westfalen, weswegen ich im Unterricht nicht mehr mitkam. Meine Mom war nach wie vor ganztags berufstätig und meine Großeltern blieben lieber für sich.

Mein Opa hat den Krieg niemals verwunden und war ein seelisches Wrack, der einfach nur in Ruhe gelassen werden wollte. Meine Oma verstand es, stets und ständig ihre eigenen Interessen durchzusetzen. Da gab es kein Pardon. Gegessen wurde immer um Punkt zwölf. Wenn ich aus der Schule kam, wurde mit dem Mittagessen nicht auf mich gewartet. Egal ob ich nun zehn Minuten nach zwölf oder zwei Stunden später nach Hause kam. Mein Essen stand stets auf Warmhaltefunktion im Backofen. Entsprechend mal mehr, mal weniger vertrocknet.

Wenn ich aus der Schule kam, saßen die Großeltern vor dem Fernseher und wollten am liebsten auch nicht gestört werden. Entweder war es ein Krimi, Tennis oder eine Seifenoper, die sie auf keinen Fall verpassen durften. Alles war für sie spannender als ein Schuldkind, das nicht nur seinen Schulalltag mit sich brachte, sondern auch das Bedürfnis danach hatte, sich mitzuteilen. Damit ich möglichst schnell und ohne Murren in mein Zimmer ging, gab es als Trostpflaster stets eine Tafel Schokolade.

Durch das viele Alleinsein flüchtete ich mich oft in eine Scheinwelt. Schon als Kind war ich sehr kreativ, konnte dies nur nicht so recht ausleben. Aus der Reihe tanzen wird in unserer Gesellschaft schließlich bestraft. Wie viele junge

Mädchen orientierte auch ich mich an berühmten Stars. Dank meiner Kreativität gelang es mir oft, mich auch wie sie zu kleiden. Natürlich wollte ich so auch zur Schule gehen, denn es gab mir ein gutes Gefühl. Bei den meisten meiner Mitschüler eckte ich damit gewaltig an, die – wie Kinder nun mal so sind – keine Gelegenheit ausließen, über mich zu lästern und mich auszugrenzen.

Ich habe gute Gene mitbekommen und aufgrund der Art, wie ich mich zurechtmachte, sah ich immer älter aus, als ich wirklich war. Selbst die Eltern meiner damals besten Freundin meinten mal zu mir, dass ich es einmal – aufgrund meines Äußeren – schwer haben werde, einen Mann fürs Leben zu finden. Man würde mich nur auf mein Äußeres reduzieren und das sein dann nur die Männer, die es eh nicht ernst meinten. Auch das habe ich damals nicht verstanden. Bei mir blieb nur hängen, dass ich eines Tages keinen Mann finden werde.

Wenn ich viele dieser schlechten Erfahrungen so komprimiert aufschreibe, hört sich das fast so an, als ob mein Leben nur schwarz war. Das war es trotz all dieser Erlebnisse nicht. Natürlich hatte ich auch jede Menge schöner Momente. Besonders dann, wenn meine Mom Zeit für mich hatte und sie mir ihre Liebe schenkte. Auch verbrachte ich schon als Kind viel Zeit in der Natur, die mir sehr viel Kraft gab.

Mein größtes Geschenk als Kind war, als ich meine erste Katze haben durfte, die für mich zum besten Freund wurde und mir sehr viel Halt gab.

Auch ein Schlüsselkind zu sein hatte nicht nur Negatives, sondern auch viel Gutes. Zum Beispiel war ich viel früher selbständig als viele meiner Schulkameraden. Während die in einer Kleinstadt sogar noch Schwierigkeiten hatten, den Bus alleine zu nutzen, bin ich selbständig mit U- und S-Bahn durch ganz Hamburg gefahren. Wenn ich mir sonst auch nicht viel zutraute, aber das war für mich ganz normal.

All die bisherigen Beispiele aus meiner Zeit als Kleinkind und als Schülerin haben mich zusätzlich, zu dem ohnehin schwierigen Wertesystem unserer Gesellschaft, nicht nur geprägt, sondern sie haben auch sehr viel mit einer Kinderseele gemacht.

Was machte all das Erlebte mit mir?

Nachdem Schock, als mein Erzeuger mich und meinen Bruder trennte, habe ich wieder angefangen, ins Bett zu machen. Was laut meiner Mutter sogar noch viele Jahre angehalten hatte. Soweit ich mich erinnern kann, war ich als Kind sehr oft krank. Ständig hatte ich es mit den Bronchien, Hals- und Magenschmerzen zu tun.

Vermutlich ausgelöst durch die seelischen Belastungen, denn ich habe jeglichen Kummer buchstäblich in mich hinein gefressen. Ich konnte auch nie darüber sprechen, was mich belastete. Es ging einfach nicht. Ich hatte Angst.

Denn ganz unterschwellig keimte in mir noch eine tiefe Angst auf, die ich erst viel später – also erst im Erwachsenenalter – verstand. Verlustangst.

Als Kind gab es für mich nur einen einzigen Menschen, von dem ich mich wirklich geliebt fühlte – meine Mutter. Was aber ist, wenn ich diesen einzigen so wichtigen Menschen für mich auch noch verliere? Das setzte wirklich extreme Ängste in mir frei. Würde ich sie auch noch verlieren, wodurch auch immer, dann hätte ich niemanden mehr. Dann wäre ich ganz allein auf dieser Welt. Diese Angst lähmte mich zusehends. Ich versuchte stets und ständig, alle Erwartungen zu erfüllen. Erwartungen, die die Gesellschaft mir abverlangte und Erwartungen, von denen ich meinte, ich müsse sie erfüllen, um ja nicht in Ungnade zu fallen. Alles nur, damit meine Mama ja nie aufhören würde, mich zu lieben.

Diesem Druck hielt ich auf Dauer nicht stand. Er führte dazu, dass ich immer öfters, in dem, was ich tat, scheiterte. Allein in der Schule kam ich aufgrund der vielen Umzüge nicht mehr mit. Erst musste ich nachsitzen, später sogar die Realschule verlassen und zur Hauptschule gehen, um anschließend über Umwege den Abschluss wieder nachzuholen. Alles, damit ich eine gute Ausbildung machen konnte. Stets so, wie es die Gesellschaft von dir erwartete.

Das waren harte Jahre, in denen ich oft geweint habe. Ständig verfolgte mich die Angst: Was wäre, wenn ich wieder mit einer schlechten Schulnote nach Hause käme? Würde meine

Mama mich dann nicht mehr lieben? Würde auch sie mich verlassen, weil sie enttäuscht von mir ist?

Schlimm genug ist schon der Druck an sich, der in unserem deutschen Schulsystem bei den Kindern aufgebaut wird. Immer bekommt man als Kind zu hören: „Du musst dies, du musst das. Wenn mal was aus dir werden soll, dann musst du gute Noten schreiben, Abitur machen und studieren." Unser Notensystem fühlt sich ebenfalls wie eine Strafe an. Immer werden dir deine Schwächen und Fehler aufgezeigt. Sie bekommen viel mehr Raum als das, was du gut kannst.

Erst neulich habe ich mich mit einer Familientherapeutin unterhalten, die sich auch um Kinder kümmert, die vor allem in der Schule auffällig geworden sind. Sie sagte mir, dass es immer nach dem gleichen Schema abläuft. Die Eltern kommen mit ihrem Kind in die Praxis und erzählen nur von den Problemen und Schwierigkeiten, die ihr Kind mache. Das Kind sitzt natürlich daneben und muss mit anhören, wie die Eltern über das Kind sprechen. Es wird regelrecht vor einer fremden Person vorgeführt. Und wenn die Therapeutin die Eltern fragt, was das Kind eigentlich Gutes könne, wo die Stärken und Kompetenzen liegen, dann erntet sie oft nur Achselzucken.

Was ich damit sagen will ist, dass sich auch heute noch nichts an dem Wertesystem in unserer Gesellschaft geändert hat. Probleme oder das, was wir vielleicht nicht so gut können, bekommt stets mehr Gewichtung als die Dinge, die wir vielleicht besonders gut können und die gefördert werden sollten. Fast jedes Kind hat damit zu kämpfen und wir geben diese Werte ohne darüber nachzudenken immer weiter.

Bei Kindern wie mir damals, die ohnehin schon Angst vorm Versagen hatten – schließlich hat ja selbst der Lehrer gesagt: „Aus dir wird nichts" – leiden dann doppelt so schlimm. Ich bekam auf einmal panische Angst vor Klassenarbeiten oder Prüfungen. Mir war jedes Mal wirklich hundeelend. Was ist, wenn ich die Prüfung nicht bestehe oder wenn ich wieder mit einer schlechten Schulnote nach Hause komme? Ab wann ist der Punkt erreicht, dass mich meine Mama doch verlässt, weil ich eben nicht perfekt in der Schule bin.

Wie viele Eltern meinte auch meine Mom es gut, indem sie mir für gute Schulnoten eine Belohnung versprach. Für gute Noten bekam ich nicht nur Lob, sondern auch ein paar Taler auf die Hand. Natürlich sollte mich das zum Lernen motivieren, diese Art von Belohnung baute aber eben auch sehr viel Druck auf.

Die Sehnsucht nach Aufmerksamkeit

Mit der Zeit wurde ich älter und aus dem Kind ein Teenager. Die Pubertät war die Hölle, aber nicht nur für mich, sondern auch für meine Mutter. Allmählich fing die Rebellion gegen alles an, was aus dem Elternhaus kommt. Das ist normal und in jeder Familie so. Zu dieser Zeit trat auch ein neuer Mann in unser Familienleben – mein Zieh- und später Adoptivvater. Meine Mutter war jetzt plötzlich nicht mehr für mich alleine da. Ich sollte sie teilen. Auch eine ganz neue Herausforderung für einen Teenager. Erst recht, da mein Leben eh schon von Verlustängsten geprägt war.

Ich reifte weiter zur Frau heran und merkte – aufgrund meines Aussehens und der guten Gene –, welche Wirkung ich auf Männer habe. Als Teenager und junge Frau kokettierte ich nur zu gerne damit, denn da bekam ich, was ich väterlicherseits immer vermisst habe – Aufmerksamkeit. Ich genoss die Blicke und die Komplimente, die ich bekam. Meine Röcke wurden mit der Zeit kürzer und die Absätze immer höher. Endlich bekam ich mal Lob für etwas, wofür ich mich nicht abstrampeln musste.

Da ich immer sehr stark unter Regelschmerzen gelitten habe, bekam ich die Antibabypille relativ früh verschrieben. Das stellte mich ebenfalls vor eine ganz neue Herausforderung, denn als Kind war ich immer ein Strich in der Landschaft. Ich bekam sogar Spitznamen wie „Twiggy" oder „Schneewittchen" (von wegen kein Arsch und keine Tittchen). Die Großeltern väterlicherseits meinten sogar, sie müssten mich mit purer Sahne mästen, nur damit ich ein paar Pfund auf die Rippen kriegte. Mit ein Grund, warum ich auch heute noch einen großen Bogen um Schlagsahne und Torten mache.

Durch die Einnahme der Pille bekam ich Kurven, reichlich Kurven. Ich nahm mit der Zeit immer mehr zu. An die 15 Kilo.

Das stellte mich wie gesagt vor ein ganz neues Problem, denn auch da gab es in unserer Familie eine Baustelle. Meine Oma war eine kleine dicke Frau und sie tyrannisierte ihre eigenen Töchter immer damit, dass sie eines Tages auch fett werden würden. Sie sollten nur abwarten. Spätestens wenn sie Kinder kriegten, würden sie aufgehen wie Hefepfannkuchen. Beide Kinder hatten mit diesem Trauma so sehr zu tun, dass sie alles daransetzten, ja niemals dick zu werden. Entsprechend abwertend wurde auch über dicke Menschen gesprochen.

Bloß nicht dick zu werden, wurde für mich damit auch auf einmal zum Thema. Der Anblick in meinem Spiegel verriet: Ich war keine Bohnenstange mehr, sondern ein ganz schöner Moppel. Ihr könnt euch sicher denken, wie es mir damit erging. Als Teenager dicker zu werden ist für viele Mädchen eh schon ein Trauma (dank unserer Gesellschaft und Werbeindustrie), aber in meinem Fall saß mir unterschwellig eine weitere Angst im Nacken, nämlich, dass meine Mom nun noch einen Grund mehr hätte, mich nicht mehr zu lieben. Auf einmal hatte ich keine Idealmaße mehr. Ich war dick. Ein Kampf, der mich viele Jahre begleitete.

Bevor ich auf das Thema näher eingehe, möchte ich vorerst nochmal umschwenken, denn nach der Schule stand die Ausbildung an. Die meisten Mitschüler um mich herum hatten genaue Vorstellungen davon, was sie beruflich werden wollten. Ich nicht. Ich hatte in meinem Leben so viel damit zu kämpfen, immer allen Erwartungen zu entsprechen, dass ich für mich überhaupt nicht wusste, wer ich wirklich war und was ich beruflich machen wollte. Mir war nur eins klar: Ich hatte die Schule so was von satt und daher auch keine Lust auf ein Studium. Aber was dann?

Wenn ich aus heutiger Sicht auf die Zeit gucke, dann könnte ich echt traurig werden. Wie viel Zeit ich in meinem Leben damit verschwendet habe, es anderen recht zu machen. Nicht nur, weil es stets und ständig von mir erwartet wurde, sondern ich unterschwellig auch mit den fiesen Verlustängsten zu tun hatte. Plötzlich sollte ich entscheiden, was ich einmal beruflich werden wollte. Boah… das war unmöglich. Was tat das Kind da? Na klar, es trat in die Fußstapfen der Mutter und erlernte denselben Beruf. Übrigens allen Widersprüchen meiner Mutter zum Trotz. Meine Mutter warnte mich in der Tat davor, denselben langweiligen Beruf auszuüben wie sie, aber ich wusste für mich keine Alternative. Die Bewerbungen mussten raus und damals erschien es mir als das einzig Richtige.

Nicht nur, dass ich denselben Beruf ergriff, ich erwischte auch noch dieselbe Ausbildungsfirma wie meine Mutter. Ein mittelständisches Unternehmen mit lauter alten Säcken. Bingo. Einige aus der Belegschaft kannten sogar noch meine Mutter und somit war das „Vergleichen" auch hier programmiert.

Aus heutiger Sicht kann ich über viele der alten Säcke echt lachen, denn im Grunde waren das alles kleine Wichte. Wichtigtuer, die es selbst zu nichts gebracht hatten und ihren Frust darüber an den Auszubildenden ausließen. Mit „zu nichts gebracht" meine ich, dass sie in dieser Firma selbst schon gelernt hatten und geblieben sind. Niemals einen anderen Betrieb gesehen oder kennengelernt haben. Typische Sesselfurzer, die nur noch auf die Rente warteten und Freude daran hatten, andere zu schikanieren. Ihren Frust ließen sie aber nicht nur an den Auszubildenden aus, sondern auch an den Kolleginnen.

In der Firma wurde eine Frau, die die gleiche Arbeit – oft sogar besser – wie ein Mann verrichtete, schlechter bezahlt. Aber das nur am Rande und zum Thema Gleichberechtigung.

Viel ätzender war es, wie die alten Säcke mit uns Azubis umgesprungen sind. Ich persönlich machte meinen Job sogar sehr gut und war immer pünktlich und zuverlässig. Es gab also nie einen Anlass für ein derartiges Verhalten. Trotzdem wurde ich ständig schikaniert. Meine Mutter sagte immer zu mir: „Stell dir die alten Wichte nackt vor", aber das half nichts. Mal abgesehen davon, wer will sich solche alten Säcke schon gerne nackt vorstellen?! Dann doch lieber einen knackigen Kerl oder?!

Wie von meiner Mutter vorhergesagt, stellte ich bereits nach einem halben Jahr fest, dass dieser Ausbildungsberuf so gar nichts für mich war. Aufgeben und sich etwas Neues, Passenderes zu suchen – wie man es heute tun würde – kam aber so gar nicht in Frage. Das wurde wieder mit Versagen gleichgesetzt und das konnte ich mir auf gar keinen Fall erlauben. Zudem hatte ich mich inzwischen einer neuen

Herausforderung gestellt – meine erste eigene Wohnung. Ich musste also Geld verdienen, um sie mir weiterhin leisten zu können. Also kämpfte ich mich durch diese Ausbildung, ärgerte mich nicht nur über den Job, die Wichte, sondern auch über die Berufsschullehrer. Warum nur nutzen so viele Dozenten ihre Macht aus, um an den Schutzbefohlenen ihren Frust auszulassen?! Wenigstens konnte ich meine Ausbildung um ein halbes Jahr verkürzen. Das Thema Ausbildung war also nun erstmal vom Tisch.

Mein erster Befreiungsschlag

Warum bin ich überhaupt so früh ausgezogen? Zu Hause hatte ich es tatsächlich nicht mehr ausgehalten. Nachdem meine Mama den neuen Mann an ihrer Seite geheiratet hatte, wurde mir das nicht nur alles zu eng, sondern all der Kummer und die Ängste, die mich umgaben, ließen in mir einen immer größeren Druck entstehen. Ich fand für mich kein Ventil, daher fraß ich den Kummer und jede Menge Schokolade weiter in mich hinein. Mehr und mehr wurde ich aufmüpfig und rebellisch. Zu Hause gab es vermehrt Streit und ich wollte einfach nur weg. Die erste Chance, die sich für mich bot, nutzte ich, ohne mit der Wimper zu zucken. Für mich ein erster Befreiungsschlag.

Die Zeit in meiner ersten Wohnung habe ich nach wie vor in sehr guter Erinnerung. Mein erstes eigenes Reich. Ich konnte tun und lassen was ich wollte und kreierte mir meinen ganz persönlichen Zufluchtsort. Ich entdeckte eine neue Welt für mich. Von jetzt an war ich für mich selbst verantwortlich. Für alles was ich nun tat, brauchte ich keine Rechenschaft mehr abzulegen. Ein gutes Gefühl. Neue Leute und neue Eindrücke traten in mein Leben und ich hatte viel Spaß. Meiner Mom fiel dieser Schritt deutlich schwerer. Sie hatte sehr damit zu tun, mich loszulassen. Es verging kein Tag, an dem sich mich nicht anrief, um zu hören, wie es mir erging.

Unter den neuen Leuten war auch eine Nachbarin, die ungefähr ein halbes Jahr nach mir in die Wohnung nebenan zog. Wir freundeten uns an und haben viel über unsere Erlebnisse als Kinder geredet. Auch sie hat ihr ganz eigenes Päckchen zu tragen. Eines, das sie zu einer bulimischen Magersüchtigen werden ließ. Das erste Mal in meinem Leben, dass ich mit einer Person in Berührung kam, die unter Essstörungen litt. Sollte das für mich die Lösung sein, meine Pfunde, die ich bis dahin immer noch hatte, loszuwerden?

Bei meiner Mutter oder bei meiner Tante hatte ich öfters beobachtet, wie sie mit Abführtabletten versuchten, überschüssige Pfunde loszuwerden. Das hatte ich auch probiert. Mir war danach aber immer hundeelend zu Mute. Einfach hungern und nicht mehr essen wäre da vielleicht eine neue Perspektive. So blöd, wie sich das jetzt anhört, aber ich fing an, mit der Essstörung zu experimentieren. Allerdings nur mit mäßigem Erfolg, denn Hungern lag mir nicht. Damals genauso wenig wie heute.

Vor allem, was viel schlimmer war – jeder kennt das bestimmt, der schon mal eine Diät gemacht hat – du futterst hinterher mehr als vorher. Wirst also eher noch dicker. Das war definitiv keine Lösung für mich.

Traurig, aber wahr, ich experimentierte weiter. Eines Tages steckte ich mir das erste Mal den Finger in den Hals. Allerdings auch das nur mit mäßigem Erfolg. Es ist etwas anderes, wenn du spucken musst, weil du gar nicht anders kannst, ober ob du dir den Finger in den Hals steckst. Das tat nicht nur weh, es kostete auch jede Menge Überwindung.

Auch wenn ich das jetzt ein wenig belustigend schreibe – ich bin nämlich froh, dass dieser Teil meines Lebens schon lange Geschichte ist – aber Übung macht den Meister. So blöd, wie sich das vielleicht anhört, aber je öfter du dir den Finger in den Hals steckst, desto leichter wird es. Vor allem ist dies eine Methode, die niemand so schnell mitbekommt. Du kannst also ganz normal essen und gehst hinterher einfach aufs Klo, um alles wieder auszukotzen. Klingt doch perfekt, wenn es nicht so traurig wäre und vor allem weil die Probleme, die du hast, damit so gar nicht gelöst werden.

Ich bin zwar nie zu einer krankhaften Essgestörten abgedriftet, aber ich kann nicht leugnen, dass das Kotzen zu der Zeit des Öfteren ein Ventil für mich war. Meist dann, wenn der Kummer zu groß wurde und sich die Faust in meinem Magen so sehr ballte, dass ich dachte, ich platze gleich. Das Kotzen wurde für mich zu einem Ventil, um Druck abzubauen.

Und das, obwohl ich inzwischen doch meine eigene Wohnung hatte und mein(e) eigene(r) Herr/Frau war. An meinen grundsätzlichen Problemen hatte sich nämlich nichts geändert. Da half auch keine eigene Wohnung.

Mein Leben nahm weiter seinen Lauf. Ich sammelte Erfahrungen in unterschiedlichen Betrieben, was meine nicht vorhandene Begeisterung für meinen Beruf auch nicht besser machte. Hatte meinen ersten festen Freund und inzwischen sogar drei Katzen, die für mich persönlich meine Ankerpunkte waren.

Um mit meinen Problemen aus der Kindheit und den sich andeutenden Essstörungen fertig zu werden, ging ich zu einer Therapeutin. Eine merkwürdige Erfahrung. Immerhin hatte ich bei den Sitzungen für mich gelernt, zumindest schon mal „nein" zu sagen, wenn ich etwas nicht möchte.

Das Wort „nein" im Sinne von „das will ich wirklich nicht, weil es sich einfach nicht gut für mich anfühlt" kannte ich nämlich nicht. Mein „nein" war bisher immer nur ein „nein, ich will das nicht, mache es aber trotzdem, damit ich nicht anecke, enttäusche oder gar verletze". Das neue „nein" sorgte in meinem familiären Umfeld für reichlich Verwunderung. Denn damit, dass ich auf einmal zu etwas „nein" sagte und es auch so meinte, tanzte ich aus der Reihe.

Das passte natürlich nicht in das Weltbild derer, die meinten, mir ihren Willen aufzwingen zu wollen. Auf einmal eckte ich an. Für mein Umfeld wurde ich zum Rebellen und musste mir ziemlich oft anhören, dass mein Verhalten unmöglich sei. Das stellte mich wiederum vor ganz neue Herausforderungen, die ich aber annahm. Auch wenn mich nach einem „nein" ganz oft Schuldgefühle plagten.

Trotzdem fing ich an, erste Zöpfe in meinem Leben abzuschneiden und dazu gehörte auch, dass ich mit der Familie, also mit meinem Erzeuger und dessen Eltern, brach. Ich verbannte sie aus meinem Leben, indem ich von einem Tag auf den anderen den Kontakt beendete. Mir war zwar klar, dass ich damit meinen Kummer nicht bekämpfen konnte, aber ich stellte erstmal für mich sicher, dass kein neuer Kummer und vor allem keine neue Enttäuschung hinzukam. Das Fass war einfach zum Überlaufen voll und das wollte ich ändern.

Diese Entscheidung war wie ein weiterer Befreiungsschlag für mich. Ein erster Wendepunkt in meinem Leben. Ich traf diese Entscheidung ganz bewusst für mich selbst und nahm so zum ersten Mal mein Leben selbst in die Hand. Das war für mich ganz persönlich mein erster Schritt, um ein Stück weit aus der Opferrolle hinauszutreten.

Es gab viele Stimmen, die sagten: „Das kannst du doch nicht machen. Das ist doch deine Familie. Du tust ihnen damit doch weh." Ja und?! Was ist mit mir? Mit alldem Schmerz, der mir seit Jahren zugefügt wurde. Sollte ich mich dem immer weiter ausliefern? Noch mehr Fässer voller Tränen füllen? Nein, definitiv nicht! Damit war nun Schluss! Ich beharrte darauf, dass es diese Familie für mich einfach nicht mehr gibt. So hart, das klingen mag, aber von dem Tag an waren sie für mich gestorben.

Das war tatsächlich keine leichte Zeit. Wie ihr wisst, habe ich einen Bruder, der in diesem Teil der Familie groß geworden ist und dieser Familie dadurch mehr angehörte als ich. Auch er konnte meinen Entschluss ebenfalls nicht nachvollziehen. Ich ließ mich davon aber nicht mehr abringen und blieb von da an jeder Familienfeier fern, bei der ich Gefahr lief, diesen Menschen zu begegnen.

Gleichzeitig bedeutete das aber auch, dass ich mich selbst ausgrenzte. Anfangs tat es mir sogar richtig weh. Denn eigentlich hatte ich mir nichts sehnlicher gewünscht als eine eigene „heile" Familie. Ganz schlimm war es, wenn im Fernsehen Filme liefen, in denen die Familien perfekt funktionierten. Ich heulte dann immer Rotz und Wasser und suhlte mich in meinem eigenen Kummer. Warum haben alle eine intakte Familie, nur ich nicht? Leider funktionieren die meisten Fernsehfilme ähnlich wie die Werbebranche. Da gibt es am Ende – egal was passiert ist – immer ein Happy End. Es hat lange Zeit gebraucht, bis ich erkannte, dass das alles nur Show ist und dass es in den meisten Familien irgendeine Art von Kummer gibt.

Mit der Zeit wurde der Schmerz besser und ich konnte für mich anfangen durchzuatmen. Das gelang für mich persönlich aber nur (und ich betone für mich persönlich, weil man diese Entscheidung nicht einfach eins zu eins auf eine andere Person übertragen kann. Nur weil ich mich meiner Erzeuger-Familie entsagte, heißt dass noch lange nicht, dass das für dich auch der richtige Schritt ist), weil ich mir einfach immer wieder bewusst machte, dass es meine ganz persönliche Entscheidung war. Wenn ich der Meinung gewesen wäre, das trifft nicht mehr zu, dann hätte auch ich es wieder in der Hand gehabt, meine Entscheidung zu ändern und auf die Familie zuzugehen. Niemand hat mich zu dieser Entscheidung gezwungen.

Lebte ich eigentlich noch mein Leben?

Erinnert ihr euch noch, was ich zu Anfang schrieb: Man nimmt in seinem Unterbewusstsein automatisch die Handlung ein, die einem vorgelebt wurde? Mit meinem ersten festen Freund angelte ich mir also auch einen „Problem"-Mann. Zudem war er auch wesentlich älter als ich. Wenn Frauen sich ältere Männer suchen – unbewusst natürlich –, spricht man nicht selten vom Vaterkomplex. In meinem Fall auch ganz logisch, denn eine Vaterfigur hatte ich in meinem Leben nicht. Nicht mal meine Großväter konnten diese Rollen auch nur annähernd vertreten. Der Reiz, sich einem älteren Mann hinzugeben und sich bei ihm geborgen zu fühlen, lag also nahe.

Dieser Mann war zwar kein Fremdgänger, aber Alkoholiker. Anfangs zwar noch trockener Alkoholiker, aber nur so lange, bis in unserer Beziehung die ersten Probleme auftraten.

Auch dieser Mann hatte mit seiner Kindheit zu kämpfen – sein Vater nahm sich das Leben und er fand ihn als Kind aufgehängt im damaligen Schrebergarten. Das hatte dieser Mann nie verwunden und griff zur Flasche, um seinen Schmerz zu ertränken. Vertiefen möchte ich die Geschichte im Detail nicht, aber wie ihr euch vielleicht denken könnt, habe ich als junges Mädchen immense Schuldgefühle bekommen. Für mich stand fest, dass ich schuld daran bin, dass er wieder mit dem Trinken angefangen hat. Eine weitere sehr schlimme und prägende Zeit für mich.

Ich nahm mir eine neue Wohnung in einer anderen Stadt und versuchte, das alte Leben hinter mir zu lassen. Man höre und staune, ich ließ mich sogar von meinem damaligen Ausbildungsbetrieb abwerben und fing in dieser Firma wieder an zu arbeiten. Eine Zeitlang fühlte es sich gut für mich an, denn dieser Betrieb wollte mich schließlich wiederhaben. Auch fühlte ich mich den alten Säcken gegenüber ein wenig erhaben, denn im Gegensatz zu ihnen hatte ich andere Betriebe kennengelernt. Das Resultat daraus war, ich ließ mir nicht mehr alles gefallen und wurde gern auch mal aufmüpfig. Weit kam ich in dieser Männerdomäne damit zwar nicht, aber ich entwickelte für mich eine neue Strategie. Zwar keine ganz professionelle, aber wenn ich nicht unbedingt musste, dann sprach ich ganz einfach nicht mehr mit diesen Personen. Ich ignorierte sie auf ganzer Linie.

In der Zeit fing ich vermehrt an, mein Leben und vor allem unsere Gesellschaft mehr und mehr zu hinterfragen. Ich konnte einfach nicht verstehen, warum es so viel Ungerechtigkeit gibt und schon gar nicht kam ich mit der Doppelmoral, Missgunst oder Heuchelei klar. Erst recht nicht als Gläubige, denn ich wurde streng christlich erzogen. Regelmäßige Kirchengänge – mindestens drei Mal die Woche – gehörten zu meinem Alltag.

Früher fand ich das ganz normal, denn ich kannte es ja nicht anders. Aber je älter ich wurde und desto mehr ich die Menschen beobachtete, die eigentlich meine Glaubensbrüder und -schwestern waren, bekam ich Zweifel. Die ach so gepredigte Nächstenliebe hatten die meisten bereits vergessen, als sie das Abendmahl entgegennahmen. Einige von ihnen hatten das Kirchengebäude noch gar nicht verlassen, als sie mit dem Lästern untereinander wieder anfingen. Ich fragte mich jedes Mal, wie das bloß zusammenpasste.

Unser damaliger Kirchenvorsteher war es, der meiner Mutter eintrichterte, es mir als Kind zu untersagen, bei den Pfadfindern mitzumachen. Nur aus dem Grund, weil die Ausflüge oft am Wochenende stattfanden und ich den Gottesdienst dann nicht hätte besuchen können. Außerdem seien das alles nur Ungläubige, die mich vom rechten Weg abbringen würden. Genau so ein Kirchenvorsteher war es auch, der der Gemeinde predigte, man solle kein Fernsehen gucken. Komisch nur, dass genau dieser Mann – als wir ihn mal zu Hause überraschend besuchten – gerade vor seinem Fernseher saß. Derartiges Verhalten fand ich nicht nur ungerecht, es machte mich auch wütend. Bis zum Erwachsenwerden dauerte es noch eine

Weile und bis ich die Entscheidung treffen durfte, nicht mehr in die Kirche zu gehen, aber von da an hat die Kirche mich nicht wiedergesehen.

Wiedergesehen habe ich allerdings meinen ersten Freund, der trotz Umzugs wieder in mein Leben trat. Erneut trocken und in Therapie. Es dauerte aber nicht lange und der Kreislauf fing von neuem an. Eines Tages und ganz plötzlich verließ mich dieser Mann, um, wie er sagte, mich zu schützen. Damals hatte ich das nicht verstanden. Für mich stand nur fest, dass ich wieder aus heiterem Himmel und ohne Vorankündigung verlassen wurde und dass mich das in ein richtig tiefes Loch fallen ließ. Heutzutage bin ich ihm für diesen Schritt von Herzen dankbar. Wie ihr seht, ab und zu muss ich zwischen den einzelnen Ereignissen hin und her springen, um die prägenden Erlebnisse wiederzugeben.

Bei meiner nächsten Beziehung geriet ich an einen Mann, der es ebenfalls verstand, mich zu demütigen. So wie ich es in Kindertagen von dem Tyrannen gelernt hatte. Damals war ich von diesem Mann mental abhängig und das wusste er auch genau für sich zu nutzen. Eine Beziehung, die megakrass und intensiv war und mich und meine kleine Seele fast völlig zerstört hätte. Fast wie im Film „Neuneinhalb Wochen", nur dass es bei mir drei Jahre dauerte, bis ich es schaffte, mich wieder von diesem Mann zu lösen. Bis dahin hatte er mir nicht nur viel von meiner Würde, sondern auch das Liebste im Leben einer Frau genommen.

Diese Hass-Liebe setzte Gefühle in mir frei, die mir selbst manchmal Angst machten. Ich fühlte mich geliebt und gleichzeitig gedemütigt. Ich spürte eine richtig aggressive Stimmung in mir, die ich zum Teil auch nur mit Wut oder Erbrechen lindern konnte. In der Zeit verlor ich immer mehr an Gewicht, bis ich nur noch ein Schatten meiner selbst war.

Wie man an meinen ersten beiden Beziehungen sehen kann, geriet ich an Männer, die genauso mit mir umgingen, wie ich es aus Kindertagen aus meinem Umfeld kennenlernt hatte. Weil ich dieses Verhaltensmuster kannte, empfand ich es als ganz normal. So etwas geschieht in unserer Gesellschaft leider viel zu oft. Wenn niemand da ist, der dir sagt, dass es auch anders geht, erachten wir derartiges Verhalten als normal und lassen deshalb auch so mit uns umspringen bzw. geben genau das gleiche Verhalten ebenfalls wieder weiter. All das passiert meist in unserem Unterbewusstsein.

Ohne es zu merken, nahm ich auch immer mehr Verhaltensweisen und Grundwerte meiner Mutter an. Ich hinterfragte das auch nicht weiter. Es passierte einfach so. Ich fing sogar an, darüber nachzudenken, dass ich eines Tages mal ein Kind – am liebsten auch ein Mädchen – haben werde, aber ganz sicher keinen Mann. Und wenn meine Großeltern mal nicht mehr sein würden, dann würde ich eben wieder zu Hause einziehen. Getreu dem Motto: „Wie die Mutter, so auch die Tochter". Ich steuerte darauf zu – ganz unbewusst natürlich –, das Leben meiner Mutter zu führen und es als das einzig Richtige zu empfinden. Natürlich übernahm ich ihr Leben nicht eins zu eins, aber ich schlug die gleiche Richtung ein. Ich übernahm auch die vorgelebten Muster für mein Selbstbild, denn obwohl ich inzwischen wieder dünn war, fühlte ich mich genau wie sie, und zwar dick und hässlich.

An dieser Stelle möchte ich nun erstmal einen Break machen, denn ich denke, dass sind genug Beispiele aus meinem Leben, die verdeutlichen, dass ich mit Anfang zwanzig eine Frau voller Selbstzweifel war. Eine Frau, die sich nicht geliebt fühlte (außer von der eigenen Mutter), was wiederum – wie beschrieben – zu heftigen Verlustängsten und jeder Menge Schuldgefühle führte, für die ich mich dann auch wieder hasste. Schuldgefühle auch deshalb, weil ich durch viele Gespräche mit meiner Mom begriffen hatte, dass ich der Ankerpunkt in ihrem Leben war und ich durch die starke Bindung zu ihr, ebenfalls Probleme mit dem eigentlichen, gesunden und völlig natürlichen Abnabeln von zu Hause hatte.

Anfang zwanzig war ich so unsicher und verängstigt, dass es reichte, wenn man mich schief anguckte – egal ob von einer vertrauten oder fremden Person – und ich ziemlich oft einfach so in Tränen ausbrach. Ich fühlte mich als Opfer und machtlos. Ich hatte auch keine Perspektive für mein Leben. Ich verspürte nur noch das Bedürfnis wegzulaufen. Vor mir selbst und vor meinem Leben. Kein Wunder, denn das Leben, das ich bis dahin gelebt hatte, war alles andere als selbstbestimmt gewesen.

Kapitel zwei

Wie ich mir mein Leben zurückgeholt habe

Nachdem ich im ersten Kapitel viel darüber geschrieben habe, welche Lebensumstände, sowohl aus gesellschaftlichen Vorgaben/Erwartungen als auch durch persönliche Erlebnisse, mich zu diesem verschüchterten und ängstlichen Wesen haben werden lassen, möchte ich in diesem Kapitel zeigen, wie ich mir Stück für Stück mein Leben zurückgeholt habe. Welche Schlüsselerlebnisse mich zum Umdenken bewegt haben, welche Zufälle eine Rolle spielten, was der Glaube damit zu tun hat und welche Bausteine mir geholfen haben, mein Leben selbst in die Hand zu nehmen.

Es gibt tatsächlich viele Bausteine, die dir helfen können, ein selbstbestimmtes Leben zu führen. Ein Baustein für mich ist zum Beispiel, sich „bewusst" für etwas zu entscheiden. Schon im ersten Kapitel habe ich kurz angerissen, wie bewusste Entscheidungen, die ich für mich getroffen habe, mein Leben positiv verändert haben.

Mit bewussten Entscheidungen wachsen

Von zu Hause auszuziehen war auch so eine bewusste Entscheidung. Obwohl ich noch mitten in meiner Ausbildung steckte, nutzte ich die erstbeste Gelegenheit, um in meine erste eigene Wohnung zu ziehen. Natürlich half mir dabei auch ein Zufall, nämlich der, dass ich diese Wohnung genau zu dem Zeitpunkt für mich ergattern konnte. Und meine Mom, die mich bei diesem Schritt unterstützte, obwohl sie mich eigentlich lieber nicht gehen lassen wollte.

Tatsächlich steckte hinter dieser Entscheidung sehr viel mehr. Wie ich bereits im vorherigen Kapitel schrieb, wurde es mir nach der Heirat meiner Eltern zu Hause einfach zu eng. Damit ist nicht die räumliche, sondern eine mentale Enge gemeint. Um mich selbst vor noch mehr Konfrontationen zu schützen, brauchte ich einen eigenen Lebensraum für mich. Damit habe ich mich quasi aus der Schusslinie gebracht. Meine bisherigen Probleme und Ängste blieben davon natürlich noch unberührt, aber ich schaffte mir durch den Auszug einen Freiraum für mich, der mir wieder die Luft zum Durchatmen gab.

Eine wichtige Erkenntnis auch für mein späteres Leben. Übrigens auch für euch. Wenn du mit einem Problem oder einer Angst ganz tief feststeckst und du für dich überhaupt keinen Ausweg mehr siehst, dann kann ein Tapetenwechsel hilfreich sein. Das muss nicht immer gleich ein Auszug bedeuten, manchmal genügt auch eine kleine Auszeit. Zum Beispiel ein Wochenende am Meer oder einfach nur ein paar Stunden des Alleinseins. Zeit für dich. Zeit zum Durchatmen.

Eine weitere bewusste Entscheidung, die ich damals schon für mich getroffen hatte, war, dass ich mich von meiner Erzeuger-Familie losgesagt habe. Damit war mein Kummer zwar nicht behoben, aber es kam zumindest auch kein neuer hinzu.

Man kann sich das bildlich ganz gut vorstellen, wenn man ein Fass vor sich sieht, das bereits bis zum Anschlag voll mit Wasser ist. Es passt einfach nichts mehr hinein. Kommt trotzdem neues Wasser hinzu, dann kann das Fass nur überlaufen. So war es bei mir auch. Mein Fass war längst übervoll und ich konnte keine neuen Vorwürfe oder Kummer ertragen. Auch mit dieser bewussten Entscheidung für mich entschied ich, mir Freiraum zu verschaffen. Mich nicht mehr als Abfallbehälter für den Frust anderer zu opfern.

Ein anderes Beispiel ist folgendes. Als ich mit den Negativbeispielen im vorherigen Kapitel aufgehört habe, war ich an dem Punkt, vor mir und meinem Leben wegzulaufen. Zudem fühlte ich mich total heimatlos. Ich hatte das Gefühl, einfach nirgends so richtig dazuzugehören. Nicht nur die vielen Umzüge in meiner Kindheit sorgten dafür, dass ich mich nirgends so richtig zu Hause fühlte, sondern auch die Tatsache, dass die Großeltern Kriegsflüchtlinge und damit selber heimatlos waren. Dieses Gefühl der Heimatlosigkeit haben sie sowohl an ihre Kinder als auch an ihre Enkelkinder weitergetragen. Ich wollte mich aber nicht mehr länger entwurzelt, sondern aufgehoben und geborgen fühlen. Als ich mitbekam, dass wir in unserer Familie durch eine Ur-Ur-Oma Wurzeln nach Spanien hatten, setzte ich mir in den Kopf, dorthin auszuwandern. Da sich mein Leben hier so entwurzelt anfühlte, wollte ich jetzt dort mein Glück suchen.

Ich kündigte meinen Job und suchte mir eine Fremdsprachenschule, in der ich anfing, Englisch und Spanisch zu lernen. Mit dem Ziel, ein neues Leben anzufangen, fühlte ich mich auf einmal zu etwas berufen. Auch der Lernstress in der Schule lenkte ein wenig von meinen negativen Gefühlen ab. Somit hielt ich an meinen Auswanderungsplänen fest.

Jeder vernünftige Mensch würde dir sagen: „Mädchen das bringt doch nichts, du kannst vor deinen Problemen nicht weglaufen. Die holen dich eines Tages wieder ein." Ausnahmsweise haben vernünftige Menschen da Recht und so ist es natürlich auch. Man kann vor seinen Problemen nicht weglaufen oder sie einfach abschütteln. Die gehen blöderweise mit, ganz ungefragt. Wenn du Glück hast, folgen sie dir erst in einer Schublade, aber die geht früher oder später auf und klemmt dann ganz plötzlich. Schlimmer noch, sie will sich einfach nicht mehr schließen lassen. Aber diese Erkenntnis lernte ich erst später im Leben.

Jedenfalls wollte ich mich davon nicht beirren lassen. Um mir das Weglaufen überhaupt ermöglichen zu können – sprich ins Ausland zu gehen – entschied ich mich bewusst für die Ausbildung zur Fremdsprachensekretärin. Wobei für mich dabei die Sprachen im Vordergrund standen und nicht die Sekretärinnenausbildung. Dass mir ein Bürojob keinen Spaß macht, wusste ich ja bereits durch meine erste Ausbildung. Doch die Tatsache, mich auch hier bewusst für etwas zu entscheiden, hatte jede Menge Energien freigesetzt. Energien, die mich sogar wieder eine schulische Ausbildung durchlaufen ließen, und das, obwohl ich bisher nur schlechte Erinnerungen an die Schule hatte. Die zweite Ausbildung habe ich trotz allem Stress richtig gut bewältigt und ehrlich gesagt ist mir die Zeit sogar auch positiv in Erinnerung geblieben.

Das ist schon echt ein irres Gefühl, wenn du dich bewusst für etwas entscheidest und es dann auch in die Tat umsetzt. Du fühlst dich auf einmal nicht mehr ohnmächtig. Besser noch, du bekommst das Gefühl, dein Leben aktiv mitzugestalten. Bisher dachte ich für mich immer, dass mein Leben festgelegt sei. Was kommt, das kommt und das hab ich zu akzeptieren. Aber so ist es nicht. Wir müssen uns nur einfach trauen, Entscheidungen für uns selbst zu treffen und damit auch Grenzen für die Dinge aufzuzeigen, die wir so einfach nicht wollen.

Das Gleiche tat ich auch mit der Kirche. Wie ich ebenfalls im ersten Kapitel schrieb, wurde ich sehr christlich erzogen. Der Glaube an sich ist auch nach wie vor eine wichtige Sache in meinem Leben, aber mit der Institution Kirche konnte ich immer weniger anfangen. Viel zu sehr enttäuschten mich die Menschen mit ihrer Doppelmoral. Unter Nächstenliebe verstand ich nicht, dass man sich selbst in der Kirche die Augen auskratzte, wenn einem die Nase des anderen nicht passte. Genauso wenig konnte ich verstehen, dass man zum Abendmahl ging, um sich von seinen Sünden freisprechen zu lassen und im Anschluss dann wieder genau die gleichen Sünden begingen. Oder Geistliche, die sich an den Altar stellen und ihren Schäfchen erzählen wollen, wie sie sich zu verhalten haben, es selber aber nicht tun. Nein, das alles entsprach nicht mehr meinem Weltbild. Glaube ja, Kirche nein.

Warum der Glaube Berge versetzen kann

Den Spruch „Der Glaube kann Berge versetzen" habt ihr sicherlich auch schon mal gehört und daran glaube ich wirklich. Obwohl ich mit Anfang zwanzig so down war und für mich überhaupt nicht mehr wusste, was ich mit meinem Leben anfangen sollte, hatte ich eines nicht verloren – meinen Glauben und die Gabe zum Träumen.

Damals wusste ich noch nicht, welch wichtiges Handwerkszeug der Glaube für mich ist. An etwas zu glauben fühlte sich nicht nur gut an, sondern es hat auch immer etwas Spirituelles. Für mich stand fest, dass da irgendwas im Universum ist. Was genau, konnte ich zu der Zeit noch nicht für mich beantworten. Im tiefsten Inneren meines Herzens glaubte ich, dass das einfach noch nicht alles gewesen sein konnte. Wann immer ich mich in die Natur zurückgezogen hatte – die für mich schon als keines Mädchen ein Zufluchtsort war –, sah ich die Welt in bunten Farben. Von daher musste da einfach noch mehr sein. Ein Leben voller Trauer und Angst zu führen kann doch nicht die Bestimmung sein, weshalb wir auf die Welt kommen oder?!

Nein, natürlich nicht. An dieser Stelle möchte ich sogar schon etwas vorgreifen, denn, wenn du dieses Buch weiterliest, wirst du mitbekommen, wie mir der Glaube dabei geholfen hat, mein Leben zum Positiven zu verändern. Der Glaube ist so vielfältig und wenn man ihn für sich richtig zu nutzen weiß, dann kann man mit ihm in der Tat Berge versetzen.

Aus heutiger Sicht glaube ich zum Beispiel an die Liebe, ich glaube an den Zufall – im richtigen Moment am richtigen Ort zu sein. Ich glaube an den richtigen Zeitpunkt im Leben, ich glaube an die Macht des Unterbewusstseins und ja, ich glaube auch an mich. Ohne diesen Glauben hätte ich mein Leben sicherlich nicht in den Griff bekommen. Und ohne meinen Glauben an mich selbst würdest du weder dieses Buch in den Händen halten noch würde ich dich dazu animieren wollen, es mir gleichzutun.

Wie Träume helfen, Wünsche zu visualisieren

Es gibt doch diesen Spruch „Träume nicht dein Leben, sondern lebe deinen Traum". Dem stimme ich voll und ganz zu, nur weiß ich auch, dass es nicht verkehrt ist, erstmal mit dem Träumen anzufangen. Je intensiver wir uns etwas wünschen und je mehr wir diesen Wunsch auch bildlich vor unserem geistigen Auge manifestieren können, desto wahrscheinlicher geht er in Erfüllung. Aber nicht durch Zauberei, sondern weil wir uns in unserem Unterbewusstsein mit diesem Wunsch so sehr auseinandersetzen, dass sich auch unser Handeln und Tun darauf einstellt.

Durch das viele Alleinsein in meiner Kindheit habe ich früh mit dem Träumen angefangen. Und ich meine nicht die Träume in der Nacht, sondern Tagträume. Wie in der Natur malte ich mir vor meinem geistigen Auge die Welt immer wieder bunt. Mit meinen Tagträumen visualisierte ich mir meine Wünsche.

Damals verstand ich noch nicht, dass man mit intensiven Tagträumen auch sein Unterbewusstsein beeinflusst. Heute weiß ich aus eigener Erfahrung, dass man so seine inneren Wünsche manifestiert und sie, wenn sie nur klar genug formuliert sind, auch wahr werden lassen kann.

Ich habe so oft in meinem Leben geträumt, dass man meinen könnte, ich hätte das Träumen erfunden. Auch nachts, wenn ich mal nicht schlafen konnte, schaute ich ganz oft aus dem Fenster in den Himmel. Dort gibt es eine Sternenkonstellation, in der drei Sterne in Reihe leuchten. Sie waren immer mein Fixpunkt am Himmel. An sie gab ich ganz oft meine Wünsche und Träume ab. Übrigens mach ich das heutzutage auch noch so.

Wie jedes Mädchen träumte ich natürlich von dem Prinzen, der mich hoch zu Ross aus meinem Dornröschenschlaf wachküsst. Trotz all meiner negativen Erfahrungen, die ich bis dahin mit der Männerwelt gemacht hatte und obwohl es viele Mitmenschen (wie Lehrer oder die Eltern meiner damals besten Freundin) gab, die versuchten, mir einzureden, dass ich niemals den richtigen Mann für mich finden werde, träumte ich von einem Prinzen. Von einem Mann, der mich liebt, der für mich da ist und mich auf Händen trägt. Ich sehnte mich nach einem Zuhause, einer Heimat, in der ich mich geborgen und so richtig aufgehoben fühle. Weiter sehnte ich mich nach einer eigenen ganz kleinen Familie, wie immer die am Ende aussehen würde. All diese Träume setzten Energien in mir frei und ich begriff in ganz kleinen Schritten, dass ich etwas für mich und mein Leben ändern kann. Und um euch zu beweisen, dass ich hier nicht nur schnöde Behauptungen anstelle, möchte ich euch am nachfolgenden Beispiel zeigen, was passiert, wenn man seine Wünsche klar formuliert und sie an das Universum abgibt. Wichtig ist, die Wünsche nicht nur bildlich vor Augen zu haben, sondern sie auch loslassen zu können. Loslassen ist übrigens auch ein sehr spannendes Thema, wenn es um ein selbstbestimmtes Leben geht.

Gehen wir nochmal an den Punkt in meinem Leben, als ich zur Fremdsprachenschule ging und gerade dabei war, mich für ein Leben im Ausland vorzubereiten. Um neben der Schule Geld zu verdienen, arbeitete ich von Zeit zu Zeit in einem Sonnenstudio. Eines Tages kam dort ein Kunde herein, der damals wie durch ein Wunder durch diese Tür trat und mein ganzes Leben veränderte. Die Rede ist von Ralph, meinem heutigen Ehemann.

Diesen Wunsch nach einem Traumprinzen muss ich demnach für mich richtig gut formuliert und an das Universum gesendet haben, denn mit diesem Mann lebe ich auch heute noch zusammen.

War das nun Zufall, der Glaube, der Traum oder die Tatsache, zur rechten Zeit am rechten Ort zu sein? Ich glaube fest daran, dass es ein Zusammenspiel aus all diesen Energien war, denn der Witz ist, dass wir uns eigentlich schon hätten viel früher begegnen können. Sowohl er als auch ich waren zur damaligen Zeit feste Kunden genau dieses Sonnenstudios.

Wir trafen aber erst aufeinander, als ich bereit dazu war, etwas in meinem Leben zu ändern.

Durch meinen innigen Wunsch und den festen Glauben daran, eben doch einen Mann für mich zu finden, der mich liebt, habe ich mich dem mir aufgezwungenen Weltbild widersetzt. Er kam zwar nicht hoch zu Ross, aber eben durch die Tür dieses Sonnenstudios und inzwischen sind wir seit über zwanzig Jahren glücklich und unzertrennlich zusammen.

Sich selbst lieben lernen

Doch nur einfach zu rechten Zeit den richtigen Mann zu finden reicht natürlich auch noch nicht zum Glück. Das macht es zwar unendlich leichter, wieder positiv zu denken, aber damit hatten sich meine Probleme und Ängste aus der Vergangenheit natürlich noch lange nicht in Luft aufgelöst. Die habe ich genauso mit in unsere Beziehung genommen, wie Ralph seine Erfahrungen und Ängste mitgebracht hat. Das ist völlig normal und macht jeder Mensch so. Jeder von uns hat ein Vorleben und damit seine ganz eigene Vorgeschichte – im positiven wie auch im negativen Sinn geprägt.

Robert Betz (Coach und Autor psychologischer Bücher und auf dem Gebiet der Esoterik tätig) hat das mal ganz passend beschrieben. Er sprach vom Kind im Mann oder vom Kind in der Frau. Obwohl wir inzwischen erwachsen sind, tragen wir alle in uns ein Kind, und zwar uns selbst. Ein Kind, das sich oft verletzt, vernachlässigt, nicht geliebt oder missbraucht fühlt. Je nachdem, was man in der prägenden Kindheit und Jugend erlebt hat. Dieses Kind ist nicht nur wie eine innere Stimme, die zu uns spricht, sondern wir handeln und verhalten uns entsprechend. Erst wenn wir lernen, dieses Kind in uns anzunehmen und zu lieben, dann schaffen wir es auch, unser Leben selbst in die Hand zu nehmen. Dann fühlen wir uns auch nicht mehr als Opfer für das, was wir in der Kindheit erlebt haben und weshalb wir dazu neigen, zu denken, dass wir Glück einfach nicht verdient haben. Aber das ist Quatsch.

Jeder von uns hat Glück verdient und das Schöne ist, wir selbst haben das in der Hand. Wir können daran arbeiten und genau das versuche ich anhand dieses Buches mit meiner eigenen ganz persönlichen Geschichte zu erzählen.

Als ich mit Ralph zusammenkam, waren meine Auswanderungspläne noch lange nicht vom Tisch. Darum war es mir auch wichtig, die Fremdsprachenschule zu beenden. Was ich auch tat. Ich ging sogar noch einen Schritt weiter und entschied, obwohl wir bereits zusammen unter einem Dach lebten und Pläne für die Zukunft hatten, noch einen dreiwöchigen Sprachkurs in den USA hintendranzuhängen. Ganz ohne ihn, einfach nur für mich. Das war mir sehr wichtig. Es waren aber auch meine drei längsten und einzigen Wochen ohne ihn. ;-)

Nach all meinen Erfahrungen aus der Kindheit war es mir einfach wichtig, mir selbst zu beweisen, dass ich das kann.

Als Frau selbständig zu sein und für mich selbst sorgen zu können. Das ist mit eine der Tugenden, die mir meine Mom mit auf den Lebensweg gegeben hat und das finde ich nach wie vor auch sehr wichtig, um selbstbestimmt leben zu können. Schon drollig, einfachste Dinge traute ich mir in meinem Leben nicht zu, aber alleine in die USA zu fliegen schon. Wohl auch ein Resultat aus der Zeit, als ich mich als Schlüsselkind durchs Leben zu kämpfen hatte.

Dieses Bewusstmachen – also Entscheidungen für mich ganz bewusst zu treffen – ist für mich zu einem Handwerkszeug geworden, mit dem ich mein Leben bewusster gestalten kann. Mein erster Baustein für ein selbstbestimmtes Leben.

Wahre Schönheit kommt von innen

Auch diese Redewendung habt ihr bestimmt schon öfters gehört oder? Und, wie oft hat euch dieser Spruch schon zweifeln lassen, wenn ihr euch im Spiegel betrachtet? Mich damals ständig. Zwar hatte ich es längst überwunden, mir bei Kummer den Finger in den Hals zu stecken. Auch waren meine „gefühlt" überschüssigen Pfunde durch die Antibabypille längst nicht mehr da. Dennoch, ich konnte mich einfach nicht selbst lieben.

Auch mein Mann Ralph, der inzwischen an meiner Seite war und mich bedingungslos liebte, konnte daran nichts ändern. Ich fand genügend Gründe, mich hässlich und nicht liebenswert zu finden. Bis zu meinem nächsten Schlüsselerlebnis.

Ralph und ich waren gerade in den Flitterwochen auf der Insel Kreta. Mit uns im Hotel war eine französische Familie. Eine Frau mit ihrem Ehemann und zwei Kindern. Die Frau hatte für mich eine total erotische Ausstrahlung. Sie strahlte etwas aus, das mich fesselte und das Faszinierende war, sie war nicht schlank. Im Gegenteil, sie war eine Frau mit richtig schönen Kurven. Ich muss zugeben, dass mich das total irritierte, denn seit Kindheitstagen war ich dahingehend geprägt worden, dass nur schlanke Menschen schön sein können.

Kommt wahre Schönheit also doch von innen? Oder anders gefragt: Wer oder was bestimmt überhaupt, was schön ist und was nicht?

Immer wieder beobachtete und musterte ich diese Frau und war einfach nur angetan von ihr. Durch sie befasste ich mich selber mit mir und meinem Körper auf eine ganz neue Weise. Man muss also gar nicht schlank sein, um schön zu sein. Zumindest war das für mich die Erkenntnis aus diesem Erlebnis und ich fing an, mich und meinen Körper ganz neu zu entdecken.

Anfangs trat ich ganz vorsichtig vor den Spiegel und schaute mich von allen Seiten an. Ich guckte ganz genau hin und versuchte, nicht gleich wieder alles an meinem Körper schlecht-zumachen, nur weil ich glaubte, nicht perfekt zu sein, sondern ich fing an aufzuzählen, was ich an meinem Körper eigentlich ganz schön fand. Und zu meiner Verwunderung war das einiges. Ich machte mir klar, dass es doch nur darauf ankommt, wie ich mich ganz persönlich finde und nicht, wie andere es tun beziehungsweise was ich glaubte, wie andere es tun. Nein, nur was ich selbst über mich und meinen Körper denke zählt.

Natürlich ging das nicht von heute auf morgen, aber ich lernte, mich und meinen Körper zu lieben und das ist bis heute so. Selbst wenn ich mir auch heute noch oft anhören muss, dass sie mich viel zu dünn finden. Ich selbst bin mit mir zufrieden, so, wie ich bin. Punkt.

Auch deshalb spreche ich dieses Thema in meinem Buch kurz an, denn es macht mich richtig wütend, dass nicht nur die Werbeindustrie uns Menschen ein Idealbild vorgaukelt, sondern dass es in unserer Gesellschaft in der Regel immer Frauen sind, die darunter leiden. Mal ehrlich, wie viel Männer nehmen sich die Pfunde, die sie hier oder da zu viel haben, zu Herzen? Nur die wenigsten und dabei sind es in der Regel sogar mehr Männer, die mit Übergewicht zu kämpfen haben als Frauen.

Aber ich will mich gar nicht nur aufs Gewicht beschränken. Manch einer ärgert sich über eine Zahnlücke, eine zu kleine oder zu große Nase oder, oder. Lass es. Glaub mir, das lohnt sich nicht. Wer auf dieser Welt hat das Recht zu bestimmen, was schön ist und was nicht? Niemand, außer du selbst.

Das ist wie mit der Erziehung. Nur weil jemand mal festgelegt hat, was schön ist und was nicht, werden wir gezwungen, uns wieder mal mit anderen zu vergleichen. Mit dem Ergebnis, dass wir ständig etwas an uns zu kritisieren haben. Jeder noch so kleine „vermeintliche" Makel ist in Wahrheit gar keiner. Er ist ein Teil von dir und macht dich zu etwas ganz Besonderem. Einfach unverwechselbar und das ist doch großartig.

Von daher kann ich nur jeder Frau raten: Mach dich mal auf die ganz eigene Reise zu dir und deinem Körper. Überlege dir mal, wie viel Schönes an dir ist. Such nicht deine Makel, sondern was attraktiv ist an dir. Hebe es hervor und du wirst sehen, wie gut es dir tut.

Wer oder was bin ich eigentlich?

Für mich war die Erkenntnis, dass ich niemandem außer mir selbst gefallen muss wie ein Meilenstein in meinem Leben. Mir persönlich hat das unheimlich viel Druck aus meinem Leben genommen. Die Reise dahin ging aber auch bei mir nicht ohne ein paar Stolpersteine vonstatten. In Wahrheit war der Weg zur Selbstliebe ein Prozess, der sich über einen längeren Zeitraum hingezogen hat.

Das soll euch jetzt aber auf gar keinen Fall demotivieren, sondern im Gegenteil. Erstens, in meinem Fall hatte ich nämlich niemanden, der mich an die Hand genommen und mir Denkanstöße gegeben hat. Ich musste diese Reise ganz alleine antreten. Mein Umfeld war in Sachen Selbstliebe nicht gerade eine große Hilfe. Eher im Gegenteil. Auch hier wurden alte Muster nicht durchbrochen, sondern einfach nur weitergegeben. Und zweitens braucht es eine ganze Weile, bis wir die uns antrainierten Denkmuster aufbrechen und für uns ändern können.

Schließlich werden wir mit den vorgegebenen Mustern immer wieder konfrontiert. Einige vielleicht nach wie vor unbewusst, andere sogar ganz bewusst. Man braucht nur an Kinder zu denken. Da ist es doch nach wie vor noch so, dass Kinder farblich und mental getrennt werden. Während Mädchen schon von Geburt an in Rosa gehüllt und wie Püppchen behandelt werden, haben Jungs die Farbe Blau zu tragen und in jeder Beziehung taff zu sein. Und ist es nicht nach wie vor normal, dass Mädchen in Röcken einfach zauberhaft anzuschauen sind, während Jungs Hosen tragen?

Nicht, dass ich jetzt sagen will, Jungs sollen Röcke tragen, sondern ich möchte damit nur aufzeigen, dass es auch heute noch – bei aller Gleichberechtigung – eine Geschlechter-Kategorisierung von klein auf gibt. Darum dauerte der Weg zur Selbstliebe bei mir auch eine ganze Weile, denn ich hatte mich noch einigen Herausforderungen zu stellen.

Auch bei mir hatte sich ein ganz bestimmtes Bild im Kopf manifestiert, wie eine Frau auszusehen hatte. Lange Haare, Röcke und Highheels gehörten für mich zum Beispiel immer dazu. Ich konnte mir das anders überhaupt nicht vorstellen. Selbst wenn ich noch an die Zeit der Kirchgänge zurückdenke. Da war es für eine Frau regelrecht verboten, mit Hose zu kommen. Natürlich habe ich früher auch mal Jeans getragen, aber eher selten. Und bei dem Gedanken an Turnschuhe fühlte ich mich gleich wie ein Trampel. Mein Gott, ein wenig muss ich jetzt selbst über mich lachen, aber damals war das so.

Tatsächlich hat es mir viele Jahre meine Seele gestreichelt, dass ich für mein äußeres Erscheinungsbild jede Menge Komplimente bekam. Mit der Zeit beschlich mich aber immer mehr das Gefühl, dass sich niemand die Mühe machte, auch einmal den Menschen dahinter kennenzulernen, nämlich mich.

Frauen fühlten sich von mir oft bedroht und Männer sahen mich in der Regel nur als ein Objekt der Begierde an. Daran änderte sich auch nichts, als ich schon längst glücklich verheiratet war, und überhaupt kein Interesse an anderen Männern habe. Selbst aus dem nahen Umfeld gab es damals den einen oder anderen Mann, der glaubte, er könne sein Glück bei mir probieren. Das alleine fand ich schon krass. Nur weil ich es mochte, mich schön anzuziehen, hieß das noch lange nicht, dass ich anderen Männern damit eine Einladung gab, einmal mit mir durchs Bett zu hüpfen. Als ob ich eine Trophäe wäre.

Das ging mir irgendwann so auf den Sack – sorry, die Nerven – dass ich meinen Kleidungsstil völlig gedreht habe. Ich wollte ganz einfach nicht mehr nur als Sexsymbol wahrgenommen werden, sondern als Mensch, als Frau.

Dafür schlüpfte ich in eine mir bis dahin völlig ungewohnte Rolle – Jeans und Turnschuhe. Ganz ehrlich, das war für mich unheimlich krass und eine extreme Überwindung. Heute liebe ich diesen legeren Stil und er passt auch in unser Leben, aber damals war das eine Überwindung. Eine, für die ich mich teilweise sogar schämte. Ich zog es aber trotzdem durch – auch wenn das Thema einen bitteren Beigeschmack hat, denn unsere Gesellschaft reduziert uns tatsächlich zuerst nur aufs Äußere.

Mit der Zeit begegnete ich immer mehr Menschen, die mich ansahen und nicht auf meine Beine schauten oder in mein Dekolletee linsten. Nein, sie schauten mir ins Gesicht und machten sich die Mühe, mich kennenzulernen. Das gab mir Kraft für eine ganze Reihe weiterer Entwicklungsschritte in meinem Leben.

Dazu gehörte auch der Mut, mich von meinen langen Haaren zu trennen. Manch eine Frau wird vielleicht lachen, aber in unserer Familie wurde das so mitgegeben, dass Frauen nur mit langen Haaren weiblich und attraktiv aussehen. Egal ob es ihnen steht oder nicht. Dieser Gedanke hatte sich derart fest in mein Gehirn gebrannt, dass ich mehrere Jahre und viele Anläufe gebraucht habe, für mich zu erkennen, dass ich mich persönlich mit kurzen Haaren lieber mag.

Das wiederum zeigt, wie sehr die Gesellschaft und die Erziehung Einfluss auf uns und unsere Gedanken nehmen und wie lang der Weg sein kann – nicht muss –, bis wir für uns selbst erkennen, was uns persönlich wichtig ist und gefällt.

Warum der Weg das Ziel ist und warum wir uns immer wieder neuen Prüfungen zu stellen haben?

Am Anfang des Buches habe ich geschrieben, dass ich euch auf eine Reise durch mein Leben mitnehme. Das habe ich aus gutem Grund gesagt, denn aus heutiger Sicht glaube ich, dass unser Leben eine Reise ist und wie diese Reise für uns verlaufen wird, hängt zum Teil von uns selbst ab – also das, was du aus deinem Leben bewusst oder unbewusst machst.

Was will ich damit sagen? Da ich christlich erzogen wurde, glaube ich an eine Seele. Wir alle, ob Mensch oder Tier, tragen eine Seele mit uns und diese Seele begleitet uns bis zu unserem Ableben. Danach zieht die Seele weiter.

Auf der Reise zu mir selbst habe ich mich mit vielen Themen auseinandergesetzt, manche wissenschaftlicher und manche spiritueller Natur. Immer wieder bin ich zu dem Punkt gekommen, dass unsere Seele ebenfalls eine Wanderung unternimmt. Und zwar in einem Körper wie deinem oder meinem. Fragt mich jetzt bitte nicht, wie ich zu dieser Erkenntnis gekommen bin, aber ich glaube, dass unsere Seelen sich ebenfalls auf einer Reise befinden. Und wer oder was auch immer unsere Seelen auf die Reise schickt, die Seelen genauso prüft, wie wir Menschen immer wieder vom Leben geprüft werden. Die Seele kann sich auf ihrem Weg also nur weiterentwickeln, wenn auch sie aus ihren Fehlern lernt. Ich vergleiche das mal mit der Schule. Die Seele kann das nächsthöhere Level nur erreichen, wenn sie die vorherige

Klasse bestanden hat. Tut sie das nicht, dann durchläuft sie die Schulklasse so lange, bis sie es endlich kapiert hat. Und wenn ein Menschenleben dafür nicht ausreicht, dann schlüpft die Seele eben in einen anderen Körper und durchläuft ihr Schicksal von Neuen. Die Kirche spricht von Wiedergeburt der Seele in einem Paradies, aber das finde ich für mich nicht richtig ausgedrückt. Ich glaube zwar auch an die Wiedergeburt, aber eben in diesem anderen Sinne.

Ich versuche das mal nicht allzu spirituell auszudrücken, sondern mit ganz einfachen Worten. Für mich sind das die Schicksalsschläge von uns Menschen auf dem irdischen Lebensweg, denen wir uns immer wieder neu zu stellen haben. Das heißt, wir werden im Leben immer von Neuem geprüft. Nicht mit Schulnoten, sondern ob wir gelernt haben, mit Situationen besser oder anders umzugehen. Machen wir trotz aller Erfahrungen immer wieder dieselben Fehler oder haben wir dazugelernt und entscheiden uns bewusst für einen anderen Weg?!

Mal ein Beispiel: Angenommen, du hast so wie ich für dich beschlossen, dass du dir von solchen Wichten – also die Sorte Mann, die mir zum Beispiel in meiner Ausbildungszeit das Leben schwer machen wollte – das Leben nicht mehr vermiesen lässt, dann kannst du dir ziemlich sicher sein, dass dir auf deinem Lebensweg immer wieder genau so ein Wicht über den Weg läuft. Spannend für dich zu beobachten ist dann, wie du mit der Situation umgehen kannst. Lässt du dich erneut von so einem Typen herunterziehen? Oder kannst du drüberstehen und hast vielleicht sogar Mitleid mit ihm, weil du genau weißt, dass dieser Mann weder mit sich noch mit dem eigenen Kind im Manne im Reinen ist und er deshalb gar nicht anders kann, als andere zu tyrannisieren? Weil du für dich die Erkenntnis gewonnen hast, dass es im Grunde also gar nichts mit dir persönlich zu tun hat? Sollte dich dieser Typ doch in irgendeiner Form gefühlsmäßig beschäftigen, dann bist du mit dieser Situation und derartigen Typen noch nicht ganz im Reinen. Das heißt, dieser Typ Mensch wird dir so oft im Leben wieder begegnen, bis du gelernt hast, dich von solchen Typen nicht länger unterkriegen zu lassen. Es ist, als würde man uns einen Spiegel vor die Nase halten.

Seit meinem Entschluss sind mir auf meinem Lebensweg noch einige dieser Typen untergekommen und immer wurde ich aufs Neue geprüft, ob ich über diesen Begegnungen stehe oder ob ich sie mir nach wie vor zu Herzen nehme. Je mehr ich für mich an Selbstbewusstsein dazulerne, desto weniger läuft mir dieser Typ Mensch über den Weg.

Inzwischen habe ich diese Prüfung sogar ganz bestanden, denn von der Art Mensch lass ich mir das Leben nicht mehr versauen. Dafür warteten aber noch jede Menge andere Prüfungen auf mich.

Die Ostsee hat unser Herz erobert, die Nordsee unsere Seele Diese Zeile habe ich viele Jahre später auf unserem Blog MeerART geschrieben, aber passiert ist dieser Step viel früher in unserem Leben.

Mit Ralph an meiner Seite, hab ich nicht nur einen Seelen-
verwandten gefunden, sondern einen Menschen, dem ich zu
hundert Prozent vertrauen kann. Der zu mir stand und steht
und mich wo er kann auf Händen trägt. Er hatte von Anfang
an hinter meine Fassade blicken können und den Menschen in
mir gesehen. Auch er hat einen entscheidenden Anteil daran,
dass ich jetzt so selbstbewusst durchs Leben gehen kann.

In unserem ersten gemeinsamen Jahr hatten wir beide unsere Geburtstage noch mit Freunden und Familie gefeiert.
Von da an aber beschlossen, die Zeit lieber für uns zu verbringen. Das lag in erster Linie daran, dass wir bereits den
Weg in die Selbständigkeit gegangen waren. Ralph hatte mit
einem Partner eine Agentur gegründet und auch ich arbei-
te dort auf freiberuflicher Basis. Dadurch hatte sich unser
Arbeitspensum derart nach oben gesteigert, dass wir kaum
noch Zeit für Freunde, Familie und am wenigsten für unsere
Beziehung fanden. Unsere Geburtstage und später auch
unser Hochzeitstag wurden uns heilig und da wir beide das
Meer lieben, sind wir auch immer entweder an die Nord- oder
an die Ostsee gefahren.

Ralph und ich haben in den Wintermonaten Geburtstag, von
daher fanden viele unserer Aufenthalte an Nord- oder Ostsee
auch immer zur rauen Jahreszeit statt. Ich weiß noch, wie wir
an einem meiner Geburtstage auf der Insel Fehmarn waren
und dort bei strömendem Regen einen Strandspaziergang
gemacht hatten. Besonders überraschend für mich war, dass
es mir überhaupt nichts ausgemacht hatte. Im Gegenteil,

ich genoss es regelrecht. Trotz dieses stürmischen und ver-
regneten Tages fühlte ich mich richtig lebendig. Da gab es
für mich eine weitere Erkenntnis in meinem Leben. Mir war
bewusst geworden, dass ich in meinem Leben zwar das Meer
brauche, aber eben nicht den Süden. Die Ostsee hatte uns
quasi im Sturm erobert und die Nordsee? Das ist noch wieder
eine ganz andere Geschichte, denn das Meer geht bei uns
tiefer. Es trifft uns ganz tief in unserer Seele. Daraus ergab
sich auch eine weitere wichtige Erkenntnis für mich, nämlich,
dass meine Wurzeln nicht im Süden, sondern im Norden sind.
Infolgedessen begruben wir unsere Auswanderungspläne,
die ich für mich bis dahin immer noch nicht so ganz aus
dem Kopf gestrichen hatte. Im Gegenteil, lange versuchte
ich sogar, Ralph davon zu überzeugen, dass er mit mir ins
Ausland ging.

Die vielen Aufenthalte an Nord- und Ostsee – gerade in
der Nebensaison – machten mit uns beiden etwas. Wir ver-
spürten immer mehr den Wunsch, eines Tages ganz nah an
der Küste zu leben. Doch der Weg zum Ziel sollte eine lange
Reise werden. Eine, die ich aus heutiger Sicht meine „wahre
Ausbildung im Leben" nenne.

„Auch aus Steinen, die einem in den Weg gelegt werden, kann
man etwas Schönes bauen." (Goethe)

Kaum hatten Ralph und ich unser gemeinsames Glück gefunden, wurde es auch gleich auf eine harte Probe gestellt. Es
gab Menschen, die neideten unser Glück. Mitunter wurden

uns Steine – ganze Felsblöcke – in den Weg gelegt, die wir nicht mal eben so beiseiterollen konnten. An manchen Tagen brachten uns diese Steine sogar an den Rand der Verzweiflung.

Und dennoch, aus heutiger Sicht kann ich sagen, dass, so steinig dieser Weg für uns ab da auch wurde, für uns immer feststand, dass wir uns deshalb weder trennen noch unterkriegen lassen würden. Wir standen bedingungslos zueinander und das hat uns ganz fest zusammengeschweißt. Somit trafen wir gemeinsam erste bewusste Entscheidungen. Wir stiegen aus dem damaligen Agenturverhältnis aus, suchten eine neue Bleibe und verabschiedeten uns von einem Großteil unseres alten Netzwerkes. Das war der Beginn in eine, für uns bis dahin, völlig ungewisse Zukunft. Unser Leben war von einem Tag auf den anderen auf null gestellt. Eine Reset-Taste, die gedrückt wurde.

Wie genau unser Leben weitergehen würde, wussten wir damals noch nicht. Aufgrund unser beider Vergangenheit stand für uns nur fest, dass wir so viel Zeit wie möglich gemeinsam verbringen möchten. Wir beide wollten nicht nur zusammenleben, sondern auch gemeinsam arbeiten. Um uns unseren Lebensunterhalt zu finanzieren, blieben wir freiberuflich tätig und machten anfänglich da weiter, wo wir mit dem Agenturleben aufgehört hatten.

Wir wollten zu zweit gemeinsam neu durchstarten.

Leben wie auf einem Bahnhof

Die ganzen Jahre, die Ralph und ich gemeinsam in Geesthacht verbracht hatten, fühlten sich für uns wie ein Leben auf einem Bahnhof an. Unsere Koffer hatten wir sinnbildlich nie wirklich ausgepackt. Wir warteten auf die Weiterreise mit unbekanntem Ziel. Das war auch kein Wunder, denn den Schritt, hierher zu gehen, hatten wir uns nicht bewusst ausgesucht. Es war eine Reaktion auf das Schicksal – den völlig überstürzten Neuanfang.

Nichtsdestotrotz bin ich heute dankbar für die Zeit, denn ich weiß nicht, ob ich sonst meinen Weg so gegangen wäre. Vermutlich waren die Jahre aber auch wieder so ein Schicksal, eine Prüfung, ob wir uns bzw. ich mich nun weiterentwickeln werde oder nicht. Auf jeden Fall stand für mich als erster Schritt fest, dass ich dieses Gefühl, immer nur Opfer zu sein, so satt hatte. Daher wollte ich noch mehr bewusste Entscheidungen für mich treffen. Vor allem brauchte ich die Zeit, um zuallererst mit meinen Kindheitserinnerungen fertig zu werden – sie für mich einzusortieren und zu verarbeiten.

Wo immer unser zukünftiges Ziel am Meer sein sollte, meine Ängste und Selbstzweifel wollte ich nicht in einer Schublade mitnehmen. Dazu gehörte auch, dass ich mich meinen Ängsten stellen musste, die mich blockierten und dafür sorgten, dass ich mir einfach nichts zutraute. Und vor allem wollte ich den Sinn des Lebens für mich finden und was meine wahre Berufung ist.

Von daher nenne ich die Zeit in Geesthacht zu recht meinen ganz persönlichen Ausbildungsweg zu (m)einem selbstbestimmten Leben.

Der Weg dahin war aber noch lang und beschwerlich. Auch deshalb, weil wir anfangs erstmal da weitermachten, wo wir aufgehört hatten, nämlich mit dem Agenturleben, nur zu zweit. Zu zweit und ohne Angestellte, das war ein erster richtiger Schritt für uns. Dennoch gab es einen Haken. Obwohl ich mich selbst auch als Kreativkopf bezeichne, fand ich mich beruflich in diesem Leben einfach nicht zurecht. Ich war weder Grafikerin, Fotografin noch konnte ich Internetpräsenzen erstellen. Von daher blieb mir in dieser Konstellation nur der administrative Part.

Damit holte mich aber ganz schnell der altbekannte Frust im Job wieder ein. Das war ein echtes Problem für mich, denn auch ich wollte mich beruflich entfalten können, kreativ sein, nur wie? Anfangs versuchte ich mich zwar in die grafischen Bereiche des Agenturlebens einzufinden, aber das war ehrlich gesagt nicht mein Ding. Das war nicht meine Art, wie ich mich kreativ ausdrücken konnte und wollte.

Zu gern hätte ich mich – wie bereits in anderen Lebensbereichen gelernt – bewusst für etwas entschieden, doch ich hatte überhaupt keinen Plan, wofür. Mir war nur klar, was ich nicht wollte, was mich nicht glücklich machte und womit ich definitiv nicht bis zur Rente mein Dasein fristen wollte. Mir fehlte aber jegliche Inspiration für das, was ich will und was ich kann. Mein bisheriger Lebensweg ließ mir überhaupt keinen Raum für eine derartige Entscheidung.

Außerdem fühlte ich mich mit dieser Entscheidung genauso unter Druck gesetzt wie damals nach der Schule, als ich mich für eine Ausbildung entscheiden sollte. Aufgrund unserer Selbständigkeit blieb nicht wirklich viel Zeit zum entspannten Nachdenken, geschweige denn zur Selbstfindung, denn der Druck, Geld zu verdienen, um am Ende des Monats die Rechnungen bezahlen zu können, war immens. Erschwerend kam hinzu, dass wir nicht nur mit unserem Kind in uns selbst – also der Vergangenheit – zu kämpfen hatten, sondern auch an den Schicksalsschlägen, die wir in so kurzer Zeit des Zusammenseins durchmachen mussten und an denen wir ganz schön zu knabbern hatten. Die Enttäuschungen, die wir durch unser damaliges Umfeld erfahren hatten, saßen tief und es fiel uns schwer, loszulassen. Wir waren beide wie blockiert und hatten erstmal einfach nur angefangen zu funktionieren.

Dennoch mussten wir eine erste Entscheidung treffen, denn Ralph konnte den kreativen Part nicht ganz alleine wuppen. Sich in drei kreativen Bereichen kontinuierlich und gleichwertig weiterzubilden, war als Einzelkämpfer definitiv zu viel. So entschieden wir, die Fotografie in den Vordergrund zu stellen und den grafischen Part für Online- und Printmedien zu drosseln.

Es begann eine erste Findungsphase, wie wir beide kreativ zusammenarbeiten konnten. Da wir beide Zeit zum Verarbeiten brauchten, entschlossen wir uns für die Kooperation mit Bildagenturen. So konnte Ralph sich ganz der Fotografie widmen, während ich den Part des Setdesigns übernahm.

Das war für mich ein attraktiver und manchmal auch frustrierender Lernprozess. Fürs Dekorieren habe ich zwar ein Händchen, aber es ist schon ein Unterschied, ob du eine Wohnung, ein Haus oder einen Garten hyggelig zurechtmachst oder ob du ein Set vor Ort oder auf dem Tabletop arrangierst. Eine Szene am Set mit der Kamera einzufangen ist nämlich was völlig anderes. Dein bloßes Auge reicht dir da nicht, du musst mit dem Blickwinkel der Kamera sehen und das Set entsprechend arrangieren. Bis wir das gemeinsam für uns umsetzen konnten, brauchte es eine Menge Geduld.

In dieser Zeit lernten wir beide nicht nur das gemeinsame Arbeiten, sondern auch das Trennen von Berufs- und Privatleben, wenn mal was nicht so rundläuft. Sprich, sollten wir uns beruflich mal nicht einig sein, dass sich das nicht auf das Privatleben überträgt und umgekehrt. Das war ein ebenso spannender Prozess, der uns auch als Team so richtig gestärkt hat.

Trotz allem blieb in mir noch diese Unruhe. Ich war für mich immer noch nicht so recht angekommen. Weder beruflich noch privat. Wobei ich das Private hier aufteilen möchte. Mit Ralph hatte ich meinen Traumprinzen gefunden, aber uns beiden fehlte nach wie vor eine Heimat. Ein Ankerplatz, an dem wir uns beide geborgen und zu Hause fühlten. Auch beruflich fehlte mir noch etwas zur absoluten Selbstverwirklichung. Die gemeinsame Arbeit am Set war für mich ein erster Schritt, aber noch nicht die Berufung, die ich für mich suchte. Ich genoss zwar die Zeit, aber mir fehlte noch etwas zur eigenen Identität. Von daher nutzte ich anfallende Freiräume, um in mich hineinzuhorchen und Dinge auszuprobieren.

Wie MeerART mein Leben veränderte

Auf diesen Teil habe ich mich beim Buchschreiben am meisten gefreut, denn endlich kann ich erzählen, wie MeerART mein Leben sowohl beruflich als auch privat im positiven Sinn auf den Kopf gestellt hat.

Die Arbeit für die Bildagenturen ging ein paar Jahre gut. Bis der Einbruch kam. Die Umstellung auf Digitalkameras machte den Markt völlig kaputt und die Honorare für Bildlizenzen fielen ins Bodenlose. Die Honorare reichten vorn und hinten nicht mehr zum Überleben, also mussten wir uns etwas Neues ausdenken. Um von der Fotografie weiterhin leben zu können, brauchten wir wieder den direkten Weg zum Kunden. Aber wie? Die Zeit der Flyer und des Visitenkartenverteilens waren lange vorbei. Wir brauchten eine neue und vor allem nachhaltige Lösung.

Eines Tages kam Ralph mit der Idee, dass wir einen Blog machen sollten, um die Ecke. Ah ja... was auch immer das ist?! Bis dahin hatte ich keinen blassen Schimmer, was ein

Blog ist und mit sozialen Medien hatte ich schon mal gar nichts am Hut. Da ich mit diesem Medium anfangs so gar nichts anfangen konnte, stieß die Idee bei mir so gar nicht auf Nächstenliebe. Schon das Wort „das Blog" fand ich völlig blöd. Wieso „das" und nicht „der" Blog?! Und was bitteschön macht man mit so einem Ding?! „Na ja", meinte Ralph, „man zeigt Bilder und schreibt Texte dazu." „Ach ja?!", erwiderte ich, „und wer bitteschön soll die Texte schreiben?" „Na du", kam als Antwort. „Super Idee und worüber soll ich bitteschön schon schreiben?"

Ab hier begann ein ganz neuer Prozess in meinem Leben. Obwohl ich mit „das Blog" nichts anfangen konnte und so gar keine Vorstellung davon hatte, was mich mit so einem Ding erwarten würde, setzte ich mich mit der Thematik auseinander. Ich guckte mir andere Blogs an, um zu verstehen, was „das Blog" ist und bevor wir überhaupt ein Thema für uns ausgemacht hatten, deutschte ich „das Blog" in „den Blog" ein, um nicht ständig darüber zu stolpern. Das ist zwar eigentlich nicht ganz richtig aber hey... irgendwo beginnt doch jede kreative Freiheit.

Es folgten viele gemeinsame Spaziergänge am Wasser, um den Kopf frei zu kriegen, aber auch, um zu überlegen, wie wir so einen Blog aufziehen könnten. Welche Themen wir beackern wollen und natürlich auch Namen und Aussehen des Blogs. Da wir für Bildagenturen nicht nur im Studio, sondern auch viele Jahre an den Küsten aktiv waren, hatten wir bereits viel Bildmaterial, mit dem wir erstmal starten konnten.

Zudem hatte es uns eh genervt, dass unsere Bilder immer nur auf irgendeiner Datenbank lagen und darauf warteten, an den Kunden gebracht zu werden. Unsere Begeisterung zum Meer und unsere Liebe zur Nord- und Ostsee zum Thema zu machen, überzeugte mich dann.

Das war das erste Mal in meinem Leben, dass ich eine private Leidenschaft mit einer beruflichen Perspektive verquicken konnte. Nicht nur ein ziemlich gutes Gefühl, sondern ebenfalls auch eine bewusste Entscheidung.

Ich stürzte mich also in das Abenteuer einer Bloggerin. Wobei, ganz richtig ist das ja nicht, denn Ralph hatte ebenso seinen Part. Der kleine, aber feine Unterschied war, dass er die Fotografie zwar nicht neu lernen musste – höchstens um einen fotografischen Schwerpunkt erweitern –, während ich mich mit dem Part des Schreibens erstmal vertraut machen musste.

Ich schrieb einfach drauflos und versuchte, meinen Stil zu finden. War stolz und frustriert in einem Atemzug, denn ich fragte mich immer, wer könnte bitteschön ein Interesse daran haben meine Zeilen lesen zu wollen?! Und doch fing ich an, Gefallen am Schreiben zu finden. Ich merkte für mich ein Tool zu haben, indem ich mich ausdrücken und mein Herz sprechen lassen konnte. Ich freute mich über jeden fertigen und bebilderten Blogbeitrag. Ich hatte das Gefühl, etwas geschaffen zu haben. Etwas das kreativ ist, schön aussieht und vielleicht auch den einen oder anderen Leser findet, der sich dafür interessieren könnte.

Ein Blog lebt aber nicht allein von der Tatsache, dass es ihn gibt, sondern er braucht – ganz besonders in der Anfangszeit des Bekanntwerdens – die Perfomance von Social-Media-Kanälen. Schon wieder eine ganz neue Herausforderung für mich.

Nur noch mit dem Herzen sehen

Unser Blog MeerART wurde ziemlich schnell zu einer Herzensangelegenheit. Wir nannten ihn liebevoll „unser Baby" und wir hatten uns von Anfang an geschworen, dass wir uns weder mit dem noch durch den Blog verbiegen lassen würden. Alles, was auf MeerART passiert, sollte von Herzen kommen und authentisch sein. Wir wollten es ganz bewusst anders leben. In jedem anderen Job, in jedem anderen Lebensabschnitt, ja zum Teil auch in der Familie wurde immer erwartet, dass man sich anpasste. Damit sollte auf MeerART endgültig Schluss sein. Entweder die Leute akzeptieren uns so, wie wir wirklich sind oder sie lassen es.

Ganz genauso sind wir auch an die zugehörigen Social-Media-Kanäle herangegangen. Da ich in meinem Leben viel zu oft auf mein Äußeres reduziert wurde und damit oft Verletzungen erfahren habe, schwor ich mir, dass ich niemanden mehr nur nach seinem Äußeren vorverurteilen möchte, sondern mein Gegenüber mit dem Herzen begegnen möchte. Dazu schaute ich mir die Profilbilder gar nicht erst an, sondern reagierte nur auf das geschriebene Wort.

Eine der klügsten und besten Erfahrungen in meinem Leben. Somit schrieb ich meine Zeilen nicht nur mit dem Herzen in die Welt, sondern erntete auch nur Worte, die ebenfalls aus dem Herzen kamen. Viele mir völlig fremde Menschen begegneten mir mit sehr viel Liebe und Dankbarkeit. Das empfinde ich als eine wahre Bereicherung für mein Leben, die mich ebenfalls sehr dankbar und manchmal auch sprachlos werden ließ.

Was mich dabei besonders freut ist, dass es Menschen unterschiedlichsten Alters und Geschlechts sind. Man begegnete sich auf Augenhöhe und tauschte sich auf eine ganz herzliche und ungezwungene Art aus. Ein wirklich tolles und bereicherndes Gefühl. Zudem bekam ich immer mehr lobende Worte für meine Texte und dass ich den Leuten aus der Seele spreche. Das stärkte mehr und mehr mein Selbstvertrauen.

Da ich aufgrund meiner bisherigen Vita von außerhalb so gut wie nie Lob und Anerkennung erfahren hatte, war der Umstand, auf einmal Komplimente für meine einfühlsamen Texte zu bekommen, anfangs sehr befremdlich für mich. Ich brauchte sehr lange, mich daran zu gewöhnen und ein Lob einfach auch als ein Lob anzunehmen.

Obwohl ich gerade im ersten Jahr des Blogs noch immer in der Findungsphase war, wurde ich durch den vielen Zuspruch mutiger. Es sollen nun nicht mehr nur Beiträge sein, die aus der Erinnerung eines Erlebnisses sprechen und wo wir die Bilder bereits im Kasten hatten. Wir wollten uns an Reportagen wagen. Das war für uns beide etwas ganz Neues, denn die Reportagefotografie gehörte bis dato noch nicht in das Portfolio von Ralph. Auch für mich bedeutete das, dass ich meine Komfortzone verlassen musste. Und dass ich, die bis dahin überhaupt kein Selbstbewusstsein hatte.

Um vorzufühlen schrieb ich die Leute, die für unseren Blog interessant sein konnten, auch erstmal nur per E-Mail an. Das gab mir noch genügend Abstand und Sicherheit. Dummerweise gab es keine Absagen. Nein, im Gegenteil, die Leute freuten sich, dass wir kommen wollten, um über sie zu berichten. Wie gesagt, von Reportagen hatten wir beide bis dato noch keine Ahnung gehabt. Weder wie so etwas vor Ort ablaufen könnte noch was von uns erwartet werden würde. Wir sprangen buchstäblich einfach ins kalte Wasser. Oh backe, wenn ich an unseren allerersten Termin vor Ort denke, dann fällt mir sofort das Herzklopfen ein, das wir beide hatten, so aufgeregt waren wir.

Durch meine Aufregung fielen mir viele der vorher ausgedachten Fragen nicht mehr ein und ich habe hier und da ganz bestimmt auch ganz schön vor mir hin gestammelt. Hinterher, wenn wir es geschafft hatten und der Beitrag sowohl vom Bild als auch vom Text saß und begeisterte, war das ein großer Erfolg. Es tat also gut, die Komfortzone zu verlassen und einfach mal zu machen. Für mich waren das echte Meilensteine in meinem Leben.

Einfach mal machen und sich etwas zutrauen, die Komfortzone zu verlassen, das wurden ständige Begleiter. Aber genau das machte was mit mir. Ich fasste zum ersten Mal in meinem Leben echtes Selbstvertrauen.

Schnell bauten wir eine stetig steigende Leserschaft auf und die Themen, die wir auf dem Blog bespielten, gaben auch immer ein Stück von unserem Leben preis. Ein ganz neuer Spagat im Leben, denn wie viel Persönliches möchte ich von meinem eigenen Leben einer breiten Öffentlichkeit zur Verfügung stellen? Ich glaube aber, dass wir diesen Spagat aufgrund unserer Authentizität sehr gut meistern und wir unsere Leser nicht nur auf eine Reise an Nord- und Ostsee mitnehmen können, sondern ihnen auch ein Stück unserer – immer noch weiterwachsenden – Lebensphilosophie mitgeben können.

Viele Leser haben uns zum Beispiel dabei begleitet, wie wir uns auf der Suche nach einer neuen Heimat begeben haben oder als wir uns auf unserer HerzensInsel Amrum ein zweites Mal das Eheversprechen gegeben haben. Das war nämlich auch nochmal eine ganz bewusste Entscheidung in unserem Leben.

Als wir 2000 geheiratet hatten, wollten wir dies ursprünglich auch schon mal irgendwo ganz alleine am Strand direkt am Meer. Das war zu der Zeit nur im Ausland möglich und dazu auch noch mit einem weiteren Nachteil verbunden. Die amtliche Beurkundung der Eheschließung würde dann viel später erfolgen, also nicht an unserem Wunschtermin. Des-

halb haben wir uns damals für eine standesamtliche Hoch-
zeit in Deutschland und im Beisein von unseren Eltern und
Trauzeugen entschieden. Das war zwar schön, aber dennoch
nicht das, was wir wirklich wollten. Von daher hatten wir uns
geschworen, dass wir dort – wo wir eines Tages heimisch
werden – uns das Eheversprechen erneut geben.

Wer an dieser Stelle mehr darüber erfahren möchte, kann
das ebenfalls gerne nochmal bei uns auf dem Blog mit dem
Beitrag „Ja zur Insel, ja zu uns" nachlesen.

Hier findest du den Link zum Beitrag

Einfach mal machen...

Mit und durch MeerART habe ich tatsächlich immer mehr
an Selbstvertrauen gewonnen. Das drückt sich nicht nur in
der Art aus, wie ich schreibe, sondern auch darin, wie ich
inzwischen auf Menschen zugehen kann und wie mir die
Menschen begegnen. Überhaupt haben wir beide – also
nicht nur ich – viel gelernt, seitdem wir den MeerART-Blog
machen. Zum einen, weil wir uns intensiv mit der eigenen
Region befassen, aber auch, weil wir im Laufe der Zeit so
viele tolle Menschen kennengelernt haben. Menschen, denen

wir ohne MeerART ganz sicher nicht begegnet wären. Und zwar nicht nur im Internet, sondern auch im realen Leben. Menschen, die viel in uns bewegt haben, und zwar in ganz unterschiedlichen Bereichen.

Ein weiteres sehr schönes und prägendes Beispiel für mich ist, dass wir uns seitdem nicht nur mit immer neuen Menschen getroffen, sondern auch neue Formate kennengelernt haben, wie Barcamps zum Beispiel. Sogenannte Unkonferenzen, in denen die Teilnehmer selbst bestimmen, welche Themen diskutiert werden. Die Art und Weise, wie die Teilnehmer dort aufgetreten sind (heute tun sie das natürlich immer noch) hat mir damals so viel Mut gegeben, auch selbst einfach mal mehr zu wagen und nicht von vorneherein Angst vorm Scheitern zu haben. Auch deshalb, weil viele der Teilnehmer auch mit ihrer Aufregung zu kämpfen hatten und dennoch ihr Ding durchgezogen haben. Da konnte ich für mich erkennen, dass man nicht unbedingt perfekt sein muss, wenn man etwas erreichen möchte.

Wichtig ist, dass man es tut und dass man vor allem auch dahintersteht. Schließlich sind wir doch alle nur Menschen mit unterschiedlichen Stärken und Schwächen. Das hat mir Selbstvertrauen gegeben, auch einfach mal zu machen. Nicht immer alles zu hinterfragen oder zu warten, bis es vielleicht perfekt ist. Nein, einfach mal machen. Ich verlor sogar mehr und mehr meine Scheu, machte den Mund zu bestimmten Themen auf (wie gesagt, das hätte ich mich früher nie getraut) und erntete für mein Wissen Respekt. Ein sehr schönes

Gefühl, denn auch hier lernte ich für mich, die Dämonen aus der Vergangenheit abzulegen und mich nicht mehr von ihnen einschüchtern zu lassen.

Die Art und Weise, wie wir uns auf MeerART präsentieren und die gute Qualität, die wir dort kontinuierlich abliefern, öffnete uns immer mehr Türen. Ganz oft brauchten wir uns nicht mehr zu erklären beziehungsweise vorzustellen, sondern man kannte uns durch unsere Arbeit auf dem Blog und schätzte sie. Das brachte uns in der kommerziellen Fotografie die gewünschten Aufträge, die wir durch Flyer- oder Visitenkartenverteilen niemals erreicht hätten. Der ursprüngliche Plan ging also auf. Aber darüber hinaus ist MeerART für uns viel mehr, denn es wurde nicht nur zum Türöffner, sondern zu unserem Leben.

Mit der Zeit fing ich an, mir für uns (also für MeerART) kleinere Konzepte auszudenken und diese auch umzusetzen, um damit Geld zu verdienen. Wieder ein Schritt mehr für ein selbstbestimmtes Leben. Und das sogar in einem Betätigungsfeld, das inzwischen zu meiner Berufung geworden ist – das Schreiben, Bloggen und Netzwerken.

Natürlich hört sich das jetzt alles sehr märchenhaft an, wären da nicht immer wieder diese Prüfungen im Leben. Nur, dass es diesmal keine „Wichte" sind, oder indirekt vielleicht schon. Denn gemeint sind hierzulande die „alten" Vertreter in der Politik und die Wirtschaftslobbyisten, die alles daransetzen, das Thema Digitalisierung mit Angst und Schrecken zu versehen.

Anstatt die Menschen an die Hand zu nehmen und ihnen zu zeigen, welche neuen Möglichkeiten und Lebensmodelle es auf einmal gibt, beruft man sich lieber auf das Schüren von Ängsten. Zum Beispiel durch Arbeitsplatzverlust in einigen wenigen Bereichen. Die vielen neuen Jobmöglichkeiten, die sich jedoch auf einmal auftun und vielleicht sogar allgemein lebenswerter sind, die werden einfach nicht erwähnt. Es scheint, als wolle man mit aller Macht verhindern, dass die Menschen doch plötzlich aufwachen, umdenken und sich ihrer Kreativität hingeben.

In vielen jüngeren Generationen, die heute noch als Hipster abgetan werden, ist es schon jetzt normal, dass sie keine Lust mehr darauf haben, bis zur völligen Erschöpfung als Arbeitssklaven in einem System zu funktionieren, das viele nicht glücklich zu machen scheint. Ich sage nur Burn-out. Das Arbeiten bis zur völligen Erschöpfung scheint zu einer Volkskrankheit und Worte wie Berufung oder Lebensqualität scheinen Fremdwörter geworden zu sein. Wenn das kein Alarmsignal ist, dass sich was ändern muss, dann weiß ich auch nicht.

Auch hier könnte ich wieder die Frage aus meinem ersten Kapitel stellen: Ist das der Grund warum wir auf die Welt gekommen sind? Ist es wirklich unsere Bestimmung, so ein Leben zu führen? Ganz sicher nicht. Und für jeden von uns gibt es einen Weg da raus. Dazu gehört aber auch Mut, etwas wirklich verändern zu wollen. Der Weg ist ganz sicher nicht immer leicht und zumal – siehe bei uns – auch sehr steinig. Ich bin auch ganz ehrlich, wenn ich sage, der Weg zu sich selbst tut hier und da auch richtig weh. Denn sich mit sich selbst auseinanderzusetzen ist nicht nur schwer, sondern oft auch schmerzhaft. Loslassen ist nämlich gar nicht so einfach, wie es klingt. Aber auch das gehört dazu. Wer fliegen möchte, muss lernen loszulassen, was einen am Boden hält. Nur wenn du dir klarmachst, was du im Leben willst und was du nicht willst, hast du auch die Kraft für bewusste Entscheidungen. Die wiederum helfen dir dabei, deinen Weg zu ebnen. Und wenn du dafür aus einem System ausbrechen musst, dann ist das nur gut für dich. Den Kopf in den Sand stecken kann schließlich jeder, das ist nichts Besonderes.

Damit kommen wir auch auf uns und unsere jetzige Lebensweise zurück. Während das in vielen anderen Ländern völlig normal ist, mit oder durchs Bloggen oder durch Social Media Marketing Geld zu verdienen, ist das in den Köpfen hierzulande noch lange nicht bei allen angekommen. In unserer Gesellschaft tut man sich eben schwer mit Veränderungen. Wir erinnern uns, aus der Reihe zu tanzen gilt als sonderbar. So ist es auch mit dieser neuen Arbeitsform. Die passt für viele einfach nicht in das gewohnte Bild eines Berufs. Aber das hat man vor einigen Jahren zum Internet auch gesagt und davor waren es Computer und davor...

Heute ist es eben die Digitalisierung. Ihr merkt schon, so langsam nähern wir uns einem Thema, das uns inzwischen auch sehr wichtig geworden ist, nämlich die Digitalisierung. Aber keine Sorge, mir geht es hierbei nicht darum, zu predigen, wie toll das Internet und die Digitalisierung sind, sondern vielmehr darum, zu zeigen, welches Handwerkszeug du an die Hand bekommst und welche neuen Möglichkeiten auf dich warten, dir ein selbstbestimmtes Leben zu ermöglichen. Eben wie in meinem bzw. unserem Fall.

Und ich möchte die Digitalisierung auch deshalb mit zum Thema dieses Buches machen, weil sie einen großen Anteil daran hat, dass wir jetzt so leben dürfen, wie wir es heute tun – am Meer. Dass wir eine Heimat gefunden haben und selbstbestimmt einem Job nachgehen dürfen, der uns nicht nur Spaß macht, sondern erfüllt. Es ist sogar noch viel mehr, denn die Grenzen zwischen Privat- und Berufsleben verlaufen bei uns fließend. Ganz einfach weil wir lieben, was wir tun und weil wir für uns unsere ganz persönliche Berufung gefunden haben und das alles gemeinsam Tag für Tag erleben dürfen.

Genau wie früher, als es ganz normal war, dass die Menschen von zu Hause aus einer Tätigkeit nachgingen, die die Familie ernährte. Erst die Industrialisierung hat uns dazu gezwungen, uns für unsere Arbeit Tag für Tag an fremde Arbeitsplätze zu begeben. Heutzutage haben wir die Möglichkeit, genau das wieder ein Stück weit umzukehren. Zumindest, wenn wir das möchten. Auch dafür ist natürlich nicht jeder bereit. Aber darum geht es mir ja, dass du herausfindest, was du für dich ganz persönlich möchtest. Nicht was andere sagen.

Wenn wir mal überlegen, wie viel Zeit wir in unserem Leben nur für den Arbeitsweg verschwenden. Zeit, die dir für dich persönlich, für die Familie oder für deine Freizeitaktivitäten fehlt, dann ist das schon echt krass. Auch deshalb finde ich die Entwicklung der Digitalisierung so spannend, denn es gibt jetzt schon in ganz vielen Berufen – nicht in allen, aber in vielen – die Möglichkeit, dass man sich nicht ständig Tag für Tag auf einen langen und vielleicht sogar stressigen Arbeitsweg machen muss. Viele Berufe lassen es zu, dass wir entweder von zu Hause oder in nahegelegenen Coworking-Spaces arbeiten können und damit für uns nicht nur lebenswerte Zeit sparen, sondern auch der Umwelt etwas Gutes tun.

Weil das Leben an sich so viel wichtiger ist

Dank der Digitalisierung verändert sich nicht nur der Arbeitsmarkt, sondern auch die Arbeitszeitmodelle wandeln sich. Der Faktor Zeit spielt inzwischen bei vielen Menschen eine große Rolle. Sie wollen nicht mehr nur wie am Fließband arbeiten oder um jeden Preis Karriere machen, sondern auch leben und Zeit für die Familie haben. So wie wir.

Nachdem Ralph und ich zusammengekommen sind, hatten wir schnell den Wunsch verspürt, so viel Zeit wie möglich miteinander verbringen zu dürfen. Ähnlich wie bei einer landwirtschaftlichen Familie, in der es auch heutzutage noch normal ist, dass man Berufs- und Privatleben miteinander teilt. Also suchten auch wir für uns ein passendes Lebensmodell. Lange wussten wir nicht, wie wir das für uns vereinbaren können. Zumal, weil es anfangs noch lange nicht diese Möglichkeiten gab, wie sie heute vorherrschen, aber auch, weil bei uns auch noch der Wunsch dazukam, das am Meer leben zu dürfen. Bis vor wenigen Jahren gab es da tatsächlich nur wenige Möglichkeiten, es sei denn, man sieht seine Berufung in der Landwirtschaft oder im Tourismus.

Von daher war unser Weg über die Jahre schon recht steinig und mitunter auch ganz sicher kein leichter. Sich seiner Berufung bewusst zu werden ist das eine, dazu auch noch davon leben zu können das andere. Mit unserem Gedankengut sind wir der heutigen – vor allem deutschen – Gesellschaft ein ganzes Stück voraus, daher ist der Weg auch heute noch nicht immer ganz leicht. Es dauert einfach, bis Menschen Veränderungen zulassen. Ganz besonders in unserer Gesellschaft, die so erzogen wurde, wie ich es im ersten Kapitel beschrieben habe.

Im Übrigen habe ich auch dazu mal einen Beitrag auf MeerART verfasst. „Zwischen den Welten". Der handelt davon, mit welchem Quantensprung der Entwicklung wir in unserer Gesellschaft zu kämpfen haben.

Hier findest du den Link zum Beitrag

Warum es wichtig ist, auf sein Herz zu hören

An dieser Stelle möchte ich nochmal wieder einen Sprung machen, denn ich möchte zeigen, wie wichtig es ist, auf sein Herz zu hören. Als Ralph und ich endlich soweit waren, dass wir wussten, wie wir Berufs- und Privatleben vereinen konnten, kam die Zeit der Suche nach einer neuen Heimat. Wir beide wussten, dass wir ans Meer gehören, nur an welches? Nord- oder Ostsee?

Zum Zeitpunkt der Suche lang der Schwerpunkt unseres Berufslebens noch auf der Fotografie. Ich erinnere nochmal an meinen Spruch „Die Ostsee hat unser Herz im Sturm erobert, die Nordsee unsere Seele". Damit war eigentlich klar, dass wir an die Nordsee gehören. Doch was haben wir beide gemacht? Wir haben nicht auf unser Herz gehört und den Kopf eingeschaltet. Aus irgendeinem Grund hatten wir uns eingeredet, dass wir beruflich an der Nordsee nicht weiter vorankommen werden. Nicht genug Jobs für uns finden würden, um davon leben zu können. Also orientierten wir uns an der Ostsee. Schließlich ist die Infrastruktur dort um einiges weiter und auch die Nähe zu Großstädten wie Kiel und Hamburg schien uns wichtig.

Wir irrten also mehrere Jahre an der Ostseeküste umher, um dort für uns eine Heimat zu finden. Ein nicht enden wollendes Martyrium. Nicht dass wir die Ostsee nicht mögen, aber es fand sich für uns weder ein Plätzchen noch eine geeignete und vor allem bezahlbare Immobilie. Da half es auch nicht, dass wir sogar kurzfristig unsere Fühler in Richtung Mecklenburg-Vorpommern ausstreckten. Es wollte einfach nichts gelingen. Aus lauter Verzweiflung dehnten wir die Suche sogar an der Schlei aus, aber auch da ohne Erfolg. Zudem kam sehr erschwerend hinzu, dass der Breitbandausbau in Deutschland nach wie vor unterirdisch ist und uns auch deshalb viele Möglichkeiten verwehrt blieben. Daran scheiterte auch der Wunsch auf die Insel Fehmarn zu ziehen. Aus heutiger Sicht sind wir dankbar, denn die Insel – obwohl wir sie so lieben – war nicht für uns vorherbestimmt.

Wer mag, kann auch hierzu einige Beiträge dazu auf unserem Blog MeerART finden. ;-)

Die Suche zermürbte uns und wir waren nicht nur mit den Nerven am Ende, sondern auch finanziell. Die Suche hatte uns so eingenommen, dass wir kaum noch zum Arbeiten und zum Geldverdienen kamen. Auch die ständigen Fahrten, die immer frustrierender wurden, zehrten sehr an uns.

Für eine Zeitlang zogen wir sogar in Erwägung, eine WG mit meiner Mutter und ihrem Lebensgefährten einzugehen. Natürlich mit getrennten Wohneinheiten. Auch das war übrigens wieder so eine Prüfung in meinem Leben. Denn auch die zweite Ehe meiner Mutter ging in die Brüche und ich wurde erneut mit dem Schicksal Scheidungskind konfrontiert. Es dauerte tatsächlich eine ganze Weile, bis ich mit der neuen Situation zurechtkam, denn die alten Wunden waren, nur weil ich den Kontakt zur Erzeugerfamilie abgebrochen hatte, natürlich noch lange nicht verheilt. Obwohl ich längst erwachsen und volles Verständnis für die Situation hatte, hatte ich daran zu knausern. Das sind die Schubladen im Leben, die sich irgendwann einfach wieder öffnen. Aber das nur am Rande und zu den besagten Prüfungen im Leben.

Der einzige positive Nebeneffekt war, dass wir die Ostküste ziemlich gut kennengelernt haben und natürlich auch reichlich Stoff für MeerART hatten. Ansonsten war das alles nur Frust.

Da der Winter immer eine Zeit für uns ist, in der wir versuchen runterzukommen und das Jahr zu reflektieren, wussten wir, dass es Zeit wurde, für uns eine Entscheidung treffen zu müssen. Eine bewusste Entscheidung, denn diesen Zustand hätten wir definitiv nicht länger ausgehalten. Weder nervlich noch finanziell. Wir überlegten von Neuem, dehnten den Radius noch weiter aus und entschieden uns aus heutiger Sicht für das einzig Richtige. Wir hörten auf unser Herz.

Unser Herz rief schon lange, dass wir an die Nordsee gehören, nur der Kopf wollte noch nicht mitmachen. Als wir uns das eingestanden und uns ganz bewusst für die Nordsee und Nordfriesland entschieden, ging auf einmal alles ganz schnell. Nach nur wenigen Besichtigungen fanden wir ein Objekt, in dem wir unsere beruflichen und privaten Ideen ausleben können. Und auch der Breitbandausbau ist dank der Windenergie vielerorts bereits gegeben.
Darüber hinaus haben wir gefunden, was wir aus dem tiefsten Herzen gesucht hatten – eine Heimat.

„Tauschen Elbe gegen Nordsee" ist ein Beitrag über unseren Umzug

Hier findest du den Link zum Beitrag

und „Langenhorn – ein Dorf, das zur Heimat wurde" beschreibt, was wir gefunden haben.

Hier findest du den Link zum Beitrag

Das Beispiel finde ich deshalb schön und prägend, da es viele Punkte aus diesem Kapitel vereint. Bewusste Entscheidungen, der Glaube an sich und das Schicksal, das für einen vorherbestimmt ist.

Spirituell betrachtet hat das Haus auf uns gewartet, aber es brauchte den richtigen Moment. Wir mussten uns erstmal bewusst für die Nordsee und damit für Nordfriesland entscheiden und im selben Atemzug entschied die Vorbesitzerin – natürlich völlig unabhängig von uns, denn wir kannten uns nicht – die Entscheidung, dass sie das Haus verkaufen wird. Nennt es, wie ihr wollt, Schicksal oder Fügung. Ich für mich behaupte, dass es für uns vorherbestimmt war. Genau wie damals, als Ralph wie durch ein Wunder in mein Leben trat. Unser Leben entwickelt sich seitdem weiter zu einem absoluten Traumleben. Ganz gewiss keines, das uns einfach so zufliegt, sondern wir arbeiten auch daran, dass es so ist und bewusste Entscheidungen helfen uns dabei.

Nimm dir Zeit für deinen Weg, für deine Reise

Du siehst, das Handwerkszeug, das hast du selbst in der Hand. Wenn du dich im Leben bewusst für etwas entscheidest und nicht einfach nur so vor dich hin lebst, dann beeinflusst du damit dein Leben. Das gilt übrigens in beide Richtungen, denn du kannst dich ganz bewusst für ein positives und glückliches Leben entscheiden, genauso wie du dich für ein negatives und trauriges Leben entscheiden kannst. Es hängt wirklich von unserem eigenen Gedankengut ab, wie unser Leben verläuft. Und ganz ehrlich, das ist nicht immer leicht.

Auch mir fiel es in der Vergangenheit oft schwer, stets positiv zu denken, gerade, wenn mal wieder etwas nicht so lief, wie ich es gedacht oder erhofft hatte. Wenn ich mir dann aber die Zeit nahm und überlegte, warum etwas gerade nicht so lief, dann ertappte ich mich immer wieder dabei, in mein altes Muster aus Selbstzweifel und Angst gerutscht zu sein. Und glaube mir, so manches Mal passiert es mir auch heute noch, denn man kann gar nicht immer nur super gelaunt durchs Leben gehen. Das soll man auch gar nicht, denn im Leben braucht es auch Zeit für Trauer. Wir brauchen beides im Leben – Yin und Yang –, sonst würden wir das jeweils andere nicht zu schätzen wissen. Und ganz ehrlich, manchmal will man auch einfach nicht gut drauf sein.

Auch das ist normal und bei uns Frauen ziemlich oft der Fall, wenn unsere Hormone verrücktspielen. Mal schlecht drauf oder traurig zu sein ist völlig okay. Und wenn man dann mal in so einer Phase steckt, dann sollte man sich auch nicht selbst dafür bestrafen. Wichtig ist nur, dass wir das nicht zu unserem Dauerzustand machen, denn dann würden wir unser Schicksal nämlich auch in diese Richtung lenken. So blöd es sich auch immer anhört, aber tatsächlich hat unser Unterbewusstsein eine enorme Energie. Das ist genauso ein Handwerkszeug wie der Glaube oder das Träumen.

Mir hat mal eine früherer Kollegin das Buch „Die Macht des Unterbewusstseins" empfohlen und als ich das gelesen hatte, begriff ich erst, wie sehr wir unser Leben durch unser Denken beeinflussen. Sowohl mit bewussten als auch mit unbewussten Gedanken.

Wenn wir uns in unseren Gedanken immer einreden, dass wir etwas nicht schaffen können, dann werden wir es in der Regel auch nicht schaffen. Ganz gleich, was es ist. Gehen wir aber mit optimistischen Gedanken heran, dann sieht die Sache ganz anders aus. Auch wenn der Vergleich mit dem Glas, das zur Hälfte mit Wasser gefüllt ist, bereits ausgelutscht ist, ist es so passend. Denn das Wasserglas steht völlig neutral vor dir und es liegt an dir, wie du es betrachtest. Für negativ denkende Menschen ist es halb leer, weil es gleich leergetrunken ist und für Menschen, die positiv denken, ist es halb voll. Also nach wie vor noch genug zum Trinken da.

Von daher ist es auch absolut gar kein Wunder, dass ich damals so unsicher und voller Selbstzweifel war, denn viel zu viele Menschen hatten mir eingeredet, dass aus mir mal nichts werde. Am Ende habe ich das sogar selbst geglaubt. Tatsächlich habe ich auch lange gebraucht, um aus diesem Kreislauf auszubrechen. Und das ist völlig normal, denn so eine Prägung lässt sich nicht über Nacht aufbrechen. Das ist mir auch wichtig, dass du das weißt.

Ich habe viele Bücher zu den Themen Loslassen und positives Denken gelesen und alle scheinen dir versprechen zu wollen, dass du in deinem Gehirn bloß einen Schalter umzulegen brauchst und dann läuft alles. So ist es nicht. Wir brauchen Zeit, um die alten Muster aufzubrechen. Das geht nicht über Nacht. Auch ich brauchte meine Zeit, um zu erkennen, wie ich mit bewussten Entscheidungen oder positivem Denken mein Leben gestalten kann. Von daher, nimm auch du dir bei deiner Reise genügend Zeit. Du wirst sie ganz sicher brauchen.

Klappt es mal nicht so, wie du möchtest, dann zweifel nicht an dir. Ganz ehrlich, auch wenn ich mir heute dieser Macht bewusst bin, passiert es auch mir hin und wieder mal, dass ich in meine alten Muster zurückfalle. Nur mit dem entscheidenden Unterschied, dass ich es nun viel schneller wieder hinausschaffe, denn ich bin mir meines Handwerkszeugs bewusst. Anhand meiner Erfahrungen und die für mich prägenden Beispiele weiß ich, wie ich mit meinem Gedankengut und mit dem Träumen mein Schicksal beeinflussen kann.

Und was mir auch noch ganz wichtig zu sagen ist: Selbst wenn du positiv und optimistisch denkst, kann es sein, dass es trotzdem nicht gleich rundläuft. Das klingt zwar immer ein wenig komisch, aber das ist so. Oft denken wir im ersten Moment, dass diese eine Entscheidung die einzig richtige ist, um im Nachhinein festzustellen, dass sie es doch nicht war. Uns meist sogar erst ein Umweg auf den richtigen Pfad gebracht hat. Auch das möchte ich nochmal anhand eines Beispiels von uns verdeutlichen, und zwar mit unserer Haussuche.

Warum wir an der Ostseeküste nichts finden konnten, egal wie sehr wir uns auch bemühten, ist ganz klar. Im tiefsten Inneren unseres Herzens waren wir bereits mit der Nordsee verankert. So hatten wir unseren Wunsch für uns formuliert und in das Universum hinausgeschickt. Nur hörten wir anfangs nicht auf unser Herz, sondern auf den Kopf. Insofern konnten wir an der Ostküste nur scheitern, denn für unser Unterbewusstsein stand ebenfalls fest, dass wir an die Nordsee gehören. Erst als wir anfingen, auf unser Herz zu hören, endete die zermürbende Haussuche und wir fanden unser Glück an der Nordsee – unsere Heimat und unseren ganz persönlichen Ankerplatz.

Das Scheitern war in Wahrheit gar kein Scheitern, sondern nur ein Schutz, sich nicht mit dem Kompromiss zufrieden zu geben. Denn der hätte uns auf lange Sicht nicht glücklich gemacht.

Durch dein Denken und das klare Formulieren von Wünschen bestimmst auch du dein Schicksal. Das, was wir eigentlich als „Schicksal" bezeichnen, ist ein Ergebnis deiner an das Universum abgegebenen Energie. Durch deine Gedanken bestimmst du, ob es positiv oder negativ für dich ausfällt. Es ist wichtig, die eigenen Wünsche ganz klar zu definieren.

Je klarer wir unsere Wünsche für uns formulieren können – und daher finde ich das Träumen auch so wichtig, denn damit manifestierst du dir ein klares Bild in deinem Kopf –, desto weniger Umwege brauchen wir, um unser Leben so zu leben, wie wir es im tiefsten Inneren unseres Herzens möchten, nämlich selbstbestimmt.

Von daher möchte ich es an dieser Stelle auch noch mal betonen: Sich die Fähigkeit für bewusste Entscheidungen zu erarbeiten ist nicht immer so leicht. Oft stehen dir Selbstzweifel oder Angst im Weg. Angst vor Veränderungen oder vor dem Neuen. Auch dein Umfeld kommt in der Regel nicht damit klar, dass du dich plötzlich veränderst. Das ist leider normal, denn wir wurden in unserem System so erzogen, dass wir uns anzupassen haben.

Dennoch wünsche ich mir für dich, dass, wenn du mit deinem Leben nicht so recht zufrieden bist, du dich auf den

Weg machst. Wir haben nur dieses eine Leben und wie viele Menschen stehen im hohen Alter da und sagen sich plötzlich „Ach hätte ich das doch nur anders gemacht". Tja, nur dann ist es in der Regel zu spät.

Verschwende nicht nur mehr Zeit. Mach jetzt etwas aus deinem Leben. Nimm es selbst in die Hand.

Und bitte, bitte lass dich nicht entmutigen. Selbst wenn die erste Entscheidung nicht die richtige für dich war, dann ist das so. Dann war es eben noch nicht die richtige für dich. Sieh es lieber positiv, gerade weil du dich auf den Weg gemacht hast, um herauszufinden, welches der richtige ist. Jeder Umweg ist eine Erfahrung, die dich reicher macht.

Auch mir geht es immer wieder so. Denn eins ist auch klar: Nur weil ich mich verändere oder du dich vielleicht jetzt auch verändern wirst, tut es der Großteil unserer Gesellschaft leider nicht. Die meisten haben schlichtweg Angst davor, diesen Schritt zu gehen oder sind sich der Möglichkeiten gar nicht bewusst.

Und dennoch möchte ich nicht aufgeben, Menschen an die Hand zu nehmen und Brücken zu bauen. Ganz einfach deshalb, weil ich den Glauben an eine bunte Welt nicht verlieren möchte und weil wir gerade in der heutigen Zeit so unendlich viele Möglichkeiten an die Hand bekommen, uns mit ganz neuen Lebens- und Arbeitsmodellen wieder ein selbstbestimmtes Leben zu ermöglichen.

Manches braucht einfach seine Zeit

Aus meinen Zeilen kannst du lesen, dass ich mein Leben – dank bewusster Entscheidungen – inzwischen selbst in die Hand genommen habe. Das heißt aber nicht, dass ich bereits meine komplette Vergangenheit verarbeitet habe. Es gibt Themen, die sind leichter zu verarbeiten als andere. Manche wiederum brauchen Zeit bis sie an der Reihe sind oder du die Kraft dazu findest. Weihnachten ist für mich so ein Thema.

Bisher habe ich mich an Weihnachten immer noch als Opfer meiner Vergangenheit gesehen. Das möchte ich nicht mehr. Daher habe ich letztes Jahr als ersten Schritt versucht, meinen Kummer mit Weihnachten in einem Blogbeitrag auf MeerART zu verarbeiten. Diesen Beitrag möchte ich an dieser Stelle noch einmal mit euch teilen...

Wenn Weihnachten das Fest der Liebe ist, warum nur habe ich jedes Jahr dann dieses dumpfe Gefühl in der Magengegend?

Ich glaube, dies ist einer der schwersten Beiträge, den ich bisher geschrieben habe, denn es ist ein Thema, das mich jedes Jahr aufs Neue begleitet. Vor Weihnachten kann man einfach nicht weglaufen, so sehr „man" sich oder in diesem Fall „ich" mich auch bemühe. Für dieses Mal ist Weihnachten sogar schon wieder vorbei und dennoch sitze ich nun hier – nachts – und mir ist es wichtig diese Zeilen zu schreiben. Wichtig für mich. Auch wenn ich ein wenig Schwierigkeiten habe mein Wirrwarr im Gehirn zu ordnen.

Es ist noch gar nicht lange her – irgendwann in der Adventszeit – da habe ich meiner Mom eine Whatsapp mit der Frage geschrieben… ob diese tiefe Traurigkeit, die mich an Weihnachten begleitet, eines Tages wohl mal aufhört? Prompt kam die Antwort ob ich ausmachen könnte, woher diese Traurigkeit kommt? Tja, woher kommt sie eigentlich?

Dafür muss ich in der Tat weit ausholen, denn sie liegt wohl sehr tief in der Kindheit begraben. Mein bisheriges Leben habe ich eigentlich ganz gut im Griff und viele Dinge aus der Vergangenheit verarbeitet. Nur die Sache mit Weihnachten will mir noch nicht so recht gelingen. Inzwischen bin ich 44 Jahre und schlage mich noch immer mit dieser Traurigkeit herum. Wenn ich mich nicht auch noch die nächsten 44 Jahre damit herumschlagen möchte, wird es Zeit für eine Aufarbeitung.

Was bedeutet Weihnachten für mich?

In der Regel sehr viel Kummer. Das wäre die Kurzfassung. Die lange Variante ist für jeden anders. In meinem Fall hatte ich das Pech schon mit einem Jahr ein Scheidungskind zu sein. D.h. Weihnachten als Fest der „wahren" Liebe niemals kennengelernt zu haben. Weihnachten war der bewusste Umstand, dass man keine gemeinsame Familie hat, sondern sich ständig zwischen zwei Welten bewegte.

Als kleines Kind wird dieses Gefühl noch mit den vielen glitzernden Traditionen und Geschenken verschleiert. Dennoch spürt man, dass etwas nicht stimmt. Etwas anders ist als in anderen

Familien. Besonders schmerzhaft wird es dann, wenn auf deinem Rücken die Verletzbarkeit der Angehörigen ausgetragen wird. Es sogar so weit geht, dass Angehörige plötzlich dich als Kind dafür verantwortlich machen, dass sich deine Eltern haben scheiden lassen. Aus heutiger Sicht vermute ich mal, dass dies nicht absichtlich geschah, aber es ist geschehen und hat mich geprägt. Da spielt es auch keine Rolle, wenn deine eigene Mom versucht dich – zum Ausgleich – mit noch mehr Liebe zu versehen. Die der anderen fehlt.

Irgendwann wird man größer und Geschenke können eben nicht mehr von dem Umstand dass es diese heile Welt gibt, ablenken. Man blickt hinter die Fassade und fragt sich allmählich, was dieser Zirkus hier eigentlich soll. Warum soll an Weihnachten plötzlich alles toll sein, wenn es doch das restliche Jahr auch nicht ist?!

Auf einmal bist du erwachsen

Wie hießen noch die tröstenden Worte in der Kindheit, wenn man sich verletzt hatte…? Wenn du groß bist, ist das alles wieder heile. Hm… mit dem Schmerz an Weihnachten hat das nicht funktioniert. Ich glaube sogar, es wurde von Jahr zu Jahr irgendwie schlimmer?! Ich weiß noch, dass ich in meiner ersten eigenen Wohnung einen eigenen Tannenbaum mit allem Pipapo hatte. Natürlich nur einen mit Wurzel – der anschließend im Garten eingepflanzt wurde. Alles andere hätte ich mit meinem Gewissen nicht vereinbaren können.

Anfangs war ich noch stolz wie bolle, aber dann fragte ich mich: Wozu dieser Glanz in meiner Hütte, wenn ich im tiefsten Herzen doch immer noch diese Traurigkeit verspürte. Mit der Zeit wurde es mir immer wichtiger, die Zeit an Weihnachten mit den Menschen zu verbringen, die mich auch das Jahr über begleitet hatten. Mein leiblicher Vater, der bei mir nur den Erzeugertitel geerntet hatte, hatte sich eh nie für mich interessiert, warum also an Weihnachten?! Und warum sich zu seiner Familie begeben, die mich bis dato immer noch unbewusst mit Schuldzuweisungen strafte und das dann auch noch Liebe nannte.

Weitere Details lasse ich aus, aber ich möchte es mir nicht nehmen lassen ein paar von den Dingen aufzuzählen, die ich mir im Laufe der Jahre habe einfallen lassen, um Weihnachten aus dem Weg zu gehen.

Weihnachten? Ohne mich!

Einen Weihnachtsbaum hatte ich jedenfalls seitdem nie wieder und auch sonst fiel mir das weihnachtliche Dekorieren in der eigenen Wohnung zunehmend schwieriger. Anfänglich rückte ich die Deko von einem Platz zum anderen, bis ich es letztendlich ganz einstellte. Ich kam sogar mal auf die glorreiche Idee an Weihnachten zu verreisen. Natürlich in den Süden, wo es warm ist. Palmen und Meer sollten ablenken. Die Idee alles hinter sich zu lassen und einfach mal davon zu laufen war anfänglich auch gar nicht so schlecht und sogar hilfreich. Was man nur tunlichst vermeiden sollte, ist in ein christlich geprägtes Land zu reisen, denn das Thema Weihnachten holt dich auch dort wieder ein.

Ich glaube, mein bisher schlimmstes Weihnachten war das erste mit meinem Mann Ralph. Aus irgendeinem Grund – den ich mir heute nicht mehr erklären kann – wollte ich partout kein Familienweihnachten feiern. Nicht mal bei meiner Mom, obwohl sie für mich neben meinem Mann die einzige Familie ist, die ich wirklich als Familie bezeichnen würde. So irrten wir an Heiligabend durch halb Norddeutschland in der Hoffnung, irgendwo in einem Lokal zum Essen einkehren zu können. Bis dahin war mir nicht klar, dass an Heiligabend alles, aber auch wirklich alles geschlossen hat. Außer muslimische Einrichtungen. Das waren auch die einzigen Menschen, die uns überhaupt an dem Abend begegneten.

Viele Verzweiflungstränchen später, landeten wir dann doch bei meiner Mom – im Kreise der „kleinen Familie". Kleine Familie sage ich deshalb immer so bewusst, weil es für mich aus meiner eigenen Familie nur meinen Ehemann und meine Mom gibt, die ich als solches betiteln würde. Und das sage ich aufgrund meiner Vita deshalb so hart, weil es die einzigen Menschen aus meiner Familie sind, die mich auch das Jahr über begleiten und sich für mich interessieren, und zwar nicht nur „plötzlich" zu Weihnachten. Was ich im Laufe der Jahre für mich gelernt habe ist, dass ich mit Heuchelei nicht umgehen kann. Ob die bewusst oder unbewusst ist, ist letztendlich egal. Meine Zeit möchte ich nicht mit Menschen verbringen (nur weil Weihnachten ist), denen ich ansonsten egal bin.

Vermutlich liegt jedem, der dies liest, auf der Zunge zu fragen, was denn mit der Familie von Ralph ist. Ja, die gibt es und die ist zugegebenermaßen auch nicht so zerklüftet wie meine. Dennoch hat auch Ralph seine eigene Vita und tickt ähnlich wie ich.

Weihnachten mal anders

Da Ralph und ich sehr ähnlich gestrickt sind, träumen wir beide schon lange von einem „anderen" Weihnachten. Eines, das losgelöst von dem Deckmantel der Familie (Blutsverwandtschaft) ist. Es einfach mit lieben Menschen zu feiern, egal ob verwandt oder nicht. Vor einigen Jahren ist uns das auch schon mal ganz gut gelungen. Wir haben gemeinsam mit einem Nachbarpärchen, das in diesem Punkt ähnlich tickt wie wir, Weihnachten im Garten verbracht. Dazu haben wir ein Zelt aufgebaut (das Wetter ist ja nicht berechenbar), Tische und Stühle aufgestellt, mit vielen Kerzen und Lagerfeuer eine richtig schöne Stimmung gezaubert. Eingeladen hatten wir nicht nur die engste Familie, sondern auch die ganze Nachbarschaft. Zumindest all diejenigen, von denen wir wussten, dass sie an Weihnachten alleine sind. Wir haben gemeinsam gegessen, gelacht und gefeiert. Das war schön.

Danach ist uns so ein Weihnachten nicht mehr gelungen. Zum einem lag es wohl daran, dass es diese „ungeplante, aber gelebte" Tradition gab, dass wir ein Weihnachten bei uns feierten und eines bei meinen Eltern. Wenn ich von meinen Eltern spreche, dann ist damit nicht der Erzeuger gemeint, sondern die Person, die fast 30 Jahre das Leben mit meiner Mom geteilt hat. Ein Mann, der irgendwann – nachdem wir uns zusammengerauft hatten – sogar zu meinem Adoptivdad wurde. Ich dachte, das wäre jetzt meine Familie.

Das Weihnachtsmonster schlägt wieder zu

Im Leben läuft leider nicht immer alles nach Plan und so kam es eines Tages zu dem Umstand, dass sich meine Eltern trennten. Autsch....

Auch wenn es sich vielleicht nicht um einen „Bilderbuch"-Dad handelte, so war es immerhin eine Konstante in meinem Leben, die nun wieder wegbrach. Für die Trennung gibt es natürlich Gründe, die tun hier aber nichts zur Sache. Fakt aber ist, dass diese Trennung – gerade an Weihnachten – wieder eine große Rolle für mich spielen würde. Schon wieder wurde ich mit der Entscheidung konfrontiert, wie und mit wem verbringen wir Weihnachten. Gemeinsam ging nun nicht mehr.

Da man erwachsen ist, läuft alles zivilisierter ab, trotzdem tut es weh. Es sind nicht nur neue Wunden aufgemacht, sondern auch die alten sagen plötzlich wieder hallo. Die Schublade, von der ich dachte, die klemmt nun für alle Zeit, ging wieder auf. Überhaupt scheint diese blöde Schublade auch nur an Weihnachten zu funktionieren. Oder wie kann ich mir sonst erklären, dass ich zu dieser Jahreszeit ständig von einer tiefen Trauer geprägt bin.

Die Adventszeit

Während die meisten Familien damit anfangen ihre Heime festlich zu schmücken, kriege ich das bis heute nicht hin. Und drinnen schon mal gar nicht. Wenn überhaupt, dann ein wenig vor dem Haus oder im Garten, was allerdings spätestens nach dem zweiten Weihnachtstag wieder weggeräumt ist. Wenn das nicht so traurig wäre, dann könnte ich über mich selbst lachen. Denn gerade jetzt, in unserem neuen Heim in Nordfriesland – hier, wo wir uns so zuhause fühlen – hätte ich das tatsächlich gerne anders.

Unser erstes Weihnachten in der neuen Heimat haben Ralph und ich ganz bewusst allein verbracht. Nach all dem Trubel der vergangenen Jahre war uns das auch ganz besonders wichtig. Und ja, für ein paar Tage hat es sogar auch etwas wie Weihnachtsdeko auf dem Esstisch gegeben.

Doch in diesem Jahr hat mich das Weihnachtsmonster wieder voll im Griff gehabt. Je dichter die Adventszeit rückte, desto mehr trieb ich mich innerlich mit dem Gedanken herum, wie wir dieses Jahr Weihnachten verbringen sollten. Allein, oder mit der Familie, mit meiner Mom und ihrem neuen Lebensgefährten oder mit meinem Dad? Egal wofür ich mich auch entscheiden würde, mich begleitete ständig das Gefühl, dass es wieder einen Verlierer geben würde. Das ist wirklich kein schönes Gefühl und so gar nicht weihnachtlich.

Bei uns im Atelier hatte ich zwar minimalistische Weihnachtsdeko, doch im privaten keine Spur. Schon witzig, wie sich das bei mir so niederschlägt. Was Heiligabend anging, wurde mir die Entscheidung sogar abgenommen. Mein Dad hatte Pläne, für den war also gesorgt. Ralph und ich, wir beide hatten in diesem Jahr das Bedürfnis nicht alleine sein zu wollen. In uns flammte kurz die Idee auf, wieder etwas außerhalb der eigenen Familie zu planen. Ganz bereit dafür schien ich aber doch nicht, denn *für dieses Jahr fühlte es sich (für mich) dann doch nicht richtig an. Letztendlich verbrachten wir den Heiligen Abend bei meiner Mom und ihrem neuen Lebensgefährten an der Schlei. Das war ein sehr schöner Abend, keine Frage.*

Mir ist aber auch klar, dass das nächste Weihnachten nur zwölf Monate auf sich warten lassen würde und wenn ich nicht möchte, dass ich auch die nächsten 44 Jahre mit dieser tiefen Traurigkeit leben möchte, etwas in meinem Leben ändern muss. Einen genauen Plan habe ich zwar noch nicht, aber ich versuche daran zu arbeiten. Für die Trennungen oder denn Umstand keine „normale" Familie zu haben, dafür kann ich wirklich nichts. Wofür ich aber etwas kann ist, wenn ich mich jedes Jahr von dieser Traurigkeit auffressen lasse.

Dieser Beitrag ist für mich tatsächlich ein kleiner Anfang, denn durch das Aufschreiben meiner Gefühle hilft es mir beim Verarbeiten. Ich teile sie sogar, denn mir ist bewusst, dass ich mit dieser Traurigkeit nicht allein bin.

Bisher hatte ich die Kraft noch nicht gefunden, um mich dem Weihnachtsmonster zu stellen. Erst, seitdem wir in Nordfriesland leben und wir eine Heimat für uns gefunden haben, ist die Zeit reif für dieses Kapitel in meinem Leben als Scheidungskind.

Kapitel 3

Warum es immer wieder wichtig ist, Brücken zu bauen

Im ersten Kapitel habe ich anhand meiner Beispiele gezeigt, was es heißt, in unserem Wertesystem aufzuwachen und was passiert, wenn dich dazu auch noch persönliche Schicksale ereilen, die dich – wie in meinem Fall – ebenfalls in eine ganz bestimmte Richtung prägen. Die mich nicht nur zu einem verzweifelten Mauerblümchen haben werden lassen, das weder etwas mit sich und dem eigenen Leben anzufangen wusste noch sich überhaupt in einer Weise etwas zugetraut hätte. Und ich wäre wohl daran verzweifelt, wenn ich meinen Glauben und die Kraft zum Träumen nicht gehabt hätte und die Hoffnung, dass es da noch mehr geben muss, wofür es sich zu leben lohnt.

In Kapitel zwei habe ich versucht, euch näherzubringen, welchen Weg ich gegangen bin, um mir ein selbstbestimmtes Leben zu ermöglichen. Dass mir dabei in erster Linie mein Glaube geholfen hat und die Erkenntnis, dass, wenn ich mein Leben nicht einfach so an mir vorüberziehen lasse, sondern es selbst in die Hand nehme, und zwar durch bewusste Entscheidungen, ich es in eine ganz andere Richtung lenken kann. Wie viel Kraft es dir gibt, wenn du dich einfach nicht mehr als Opfer fühlst, sondern Dinge auch mal hinterfragst und für dich neu denkst. Egal ob es dir vorher anders beigebracht worden ist, denn nur weil wir etwas beigebracht bekommen haben, heißt es noch lange nicht, dass das auch alles richtig ist. Wie gesagt, wir alle tragen ein langes Erbe unbewusster Entscheidungen mit uns. Und damit kommen wir zum spannendsten Thema überhaupt, denn mit diesem Bewusstsein, dass wir unser Leben selber gestalten können und der Tatsache, dass uns dank der Digitalisierung auf einmal ganz neue Möglichkeiten offenstehen, haben wir die Chance, unser Berufs- und Privatleben ganz neu zu gestalten. Endlich bekommen wir Tools an die Hand, uns ganz neue Lebens- und Arbeitsmodelle zu erschaffen und damit auch noch mehr Chancen für ein selbstbestimmtes Leben. Wenn das kein Grund ist?!

Nur auch dafür müssen wir erstmal alte Denkweisen aufbrechen und den Menschen die Angst nehmen – Brücken bauen. Auch deshalb habe ich in den ersten beiden Kapiteln so viel Privates von mir preisgegeben. Ganz einfach um zu zeigen, dass wir trotz aller Umstände, in die wir hineingeboren wurden, etwas ändern können. Wie bereits mehrfach erwähnt, werden wir in unserer Gesellschaft seit Jahren durch Schüren von Ängsten kleingehalten. Darum wundert es mich auch nicht, dass die Digitalisierung für viele von uns zu einer unüberwindbaren Hürde wird.

Viele Unternehmen, denen es derzeit gut geht, scheuen die neuen Möglichkeiten genauso wie unsere Politiker. Sie haben schlichtweg selber Angst vor den Veränderungen. Es sind „Wichte", die oft nichts anderes gesehen haben und es somit auch gar nicht besser wissen. Es aber damit überspielen, indem sie Ängste verbreiten. Und am besten lassen sich die Menschen in unserem System damit einschüchtern, wenn man ihnen mit Jobverlust droht.

Die Wahrheit ist, Jobverluste wird es so oder so geben. Nur nicht in dem Umfang, wie es uns immer weisgemacht wird. Im Gegenteil, es werden wesentlich mehr neue Jobs hinzukommen, als alte wegfallen. Das ist der Wandel, die Evolution, die uns Menschen schon seit Lebzeiten begleitet. Eine weitere Wahrheit ist aber auch, dass wir diesen Wandel gar nicht mehr aufhalten können, denn er findet global statt. Blöd ist nur, dass Deutschland dabei ist, den Anschluss zu verlieren, und das im freien Fall.

Der Industriestandort Deutschland, der wir mal waren und auf den alle mit Bewunderung geschaut haben, wird heute schon von vielen anderen Ländern belächelt. Und das nur, weil wir es zulassen, dass uns Wichte – und ich nenne sie deshalb so, weil ich sie bewusst (sorry, wenn ich das so sage) mit den Volltrotteln damals aus meinem Ausbildungsbetrieb vergleichen möchte – das Leben durch Schüren von Ängsten schwer machen.

Vielleicht sollte ich an dieser Stelle erwähnen, dass der einst so renommierte Arbeitgeber, der mal mein Ausbildungsbetrieb gewesen war, insolvent gegangen ist, weil man eben nicht bereit war, mit der Zeit zu gehen. Damals war es mit der größte Arbeitgeber in dem Ort und entsprechend viele Menschen wurden widerwillig in die Arbeitslosigkeit ent-

lassen. Und das ist kein Einzelfall. Auch das ist eine weitere
– bittere – Wahrheit, denn wenn die Unternehmen sich nicht
umstellen und anpassen, dann werden sie über kurz oder
lang nicht mehr wettbewerbsfähig sein, was ebenfalls viele
Jobverluste zur Folge haben wird.

Von daher finde ich es spannend (aber auch ängstigend zugleich) zu beobachten, wie viel Zeit und Energie von den
sogenannten Wichten damit verschwendet wird, sich über
die Digitalisierung aufzuregen, Ängste zu schüren, anstatt die
Chancen zu ergreifen. Denn die neuen Lebens- und Arbeitsmodelle gelten nicht nur für Arbeitnehmer, sondern eben
auch für die Arbeitgeber. Natürlich bedeuten sie Veränderung
und das Verlassen der Komfortzone. Auch uns ging es so.

Wie gesagt, zum Teil verstehe ich das – hier komme ich nochmal auf den Beitrag „Zwischen den Welten" (auf MeerART)
zurück und die Tatsache, dass wir in der Entwicklung, über
nur ganz wenige Generationen, einen Quantensprung hinge-
legt haben. Aber genau das Gleiche haben wir vor wenigen
Jahren auch noch zum Internet gesagt und ganz früher auch
zu fließend Strom oder Wasser.

Der Mensch entwickelt sich eben weiter. Jeder kennt die
Evolution des Menschen. Ganz früher sind wir noch auf vier
Beinen gekrabbelt, dann auf zwei Beinen. Dank der Fähigkeit,
dass wir ein Gehirn mitbekommen haben, sind wir sogar in der
Lage, uns weiterzuentwickeln, eben nicht stehen zu bleiben.
Zugegeben, nicht immer waren das in der Vergangenheit

die richtigen Entscheidungen, die ein Mensch getroffen hat. Dennoch haben wir die Fähigkeit, komplexe Dinge in unserem Gehirn zu verarbeiten und uns so weiterzuentwickeln. Das war schon immer unsere Chance, nur haben viele von uns – und das sage ich jetzt mal ganz direkt – verlernt, dieses Gehirn auch einzusetzen. Im Laufe der Zeit hat man sich einem System untergeordnet, sich zum Mitläufer entwickelt und fristet sein Dasein. Leider oft ohne Sinn und Verstand, denn sonst würden nicht so viele von uns so unglücklich sein und ihr Leben als sinnlos betrachten.

Daher bin ich auch so Feuer und Flamme für die neue Entwicklung, denn sie ermöglicht es uns, wieder ganz neu zu denken und unser Leben für jeden von uns sinnvoll zu gestalten. Wie auch immer das Leben für jeden Einzelnen von uns aussieht. Auch das ist ja spannend, herauszufinden, wenn du dich auf diese Reise begibst. Jeder hat seine ganz eigenen Bedürfnisse, Wünsche und Ziele und genau das ist gut so.

Das Internet zum Beispiel war nur der erste Schritt. Ich behaupte sogar, dass es mit eine der größten Bereicherungen überhaupt ist, denn es hilft uns dabei, noch mehr über den Tellerrand hinauszuschauen. Das Internet ermöglicht uns eine ganz neue und vor allem eigene Sicht der Dinge.
Auf einmal sind wir nämlich nicht mehr nur davon abhängig, was uns ein blöder, gelangweilter Lehrer oder Ausbilder sagt, sondern wir können uns die Informationen, die wir brauchen beziehungsweise haben möchten, ganz einfach selbst beschaffen und uns viel besser weiterbilden, als es

früher der Fall war. Jeder für sich in seinem ganz speziellen Interessensgebiet.

Wir brauchen nicht mehr diesen Einheitsbrei, sondern wir können uns ganz bewusst spezialisieren und damit etablieren. Ich gehe sogar noch einen Schritt weiter, denn ich finde, wir müssen heutzutage nicht mehr alles wissen (also angekratztes Halbwissen zu sämtlichen Eventualitäten, die uns im Leben passieren könnten), sondern dürfen uns spezialisieren. Wir können uns zu smarten Experten entwickeln. Klar gehört für jeden von uns eine fundierte Allgemeinbildung dazu, das steht ganz außer Frage, aber eben anders als vorher. Heutzutage lässt sich alles im Internet nachlesen, ganz gleich zu welchem Thema.

Wir könnten also mehr Zeit damit verbringen, was uns wirklich wichtig ist, um im Leben sowohl beruflich als auch privat weiterzukommen. Es entsteht eine ganz neue Möglichkeit der Bildung und zur kreativen Entfaltung. Mit kreativ meine ich jetzt nicht die gängigen kreativen Berufe, sondern das persönliche Mindset. Deine ganz eigene persönliche Denkweise.

Zu jedem Neuanfang gehört auch das Loslassen

Für manch einen klingen diese Zeilen vielleicht ein wenig abgehoben und nicht greifbar, daher möchte ich auch das anhand unserer Geschichte und mit unserem Lebensmodell erklären. Das ganz sicher nur ein Beispiel von unendlich vielen ist. Auch unser Weg dahin war keinesfalls ein leichter, denn auch wir wurden zuerst Opfer der Digitalisierung. In unserem Beruf mussten auch wir über viele Jahre hinweg krasse Einschnitte hinnehmen. Es waren nicht nur die technischen Veränderungen, die uns vor neue Herausforderungen stellten. Durch die Umstellung von der analogen Fotografie hin zur digitalen wurde auch unsere Existenz bedroht. Mit der digitalen Fotografie veränderte sich die Arbeitswelt und vor allem die Wertschätzung an den Werken drastisch.

Plötzlich meinte jeder, der eine Kamera in den Händen hielt, dass er fotografieren könne, bot seine Dienstleistungen unter Wert an und machte damit den Markt für diejenigen kaputt, die tatsächlich davon lebten. Auch Bildagenturen nahmen plötzlich jeden, Hauptsache billig. Nicht nur die Preise für Bildlizenzen waren derart im Keller, sondern das Foto an sich, als Produkt plötzlich nichts mehr wert.

Des Weiteren kam erschwerend hinzu, dass Menschen der Meinung waren, sie könnten alles, was sie im Internet sehen, auch umsonst haben. Bilder, Filme, Musik oder Grafiken wurden einfach aus dem Netz gezogen und verwendet. Mit dem Internet sanken für viele die Hemmschwelle und der Respekt. Bei manch einem bewusst und bei manch einem unbewusst.

Man bediente sich nach freien Stücken und scherte sich einen feuchten Dreck um Urheberrechte. Selbst Unternehmen machten vor diesem Trend nicht halt und verwendeten Fotos für kommerzielle Zwecke, ohne auch nur einen Cent für eine Bildlizenz zu bezahlen. Für uns hatte das bittere Folgen, denn uns brachen sämtliche Umsätze weg und damit unsere Existenzgrundlage. Eine Zeitlang versuchten wir uns mit einem Anwalt dagegen zu wehren, um unser Recht auf Honorierung für eine Bildlizenz einzufordern. Das war nicht nur mühselig, sondern auch zermürbend.

Oft wurden wir sogar übel beschimpft. Als ob wir etwas Unrechtes getan hätten. Man versuchte uns als Bösewicht hinzustellen, dabei haben wir nur versucht unser Recht einzufordern. Schließlich geht man ja auch nicht in einen Laden, bedient sich und geht dann ohne zu bezahlen wieder raus.

Von daher blieb uns gar keine andere Wahl, als uns neu aufzustellen. Und wie uns unser Projekt MeerART dabei geholfen hat, habe ich bereits beschrieben. Seitdem hat sich uns Leben völlig verändert. Wir mussten uns nicht nur um-, sondern auch ganz neu aufstellen, um uns dem digitalen Zeitalter anzupassen.

Das ist anfangs natürlich nicht leicht, denn du musst alte Gewohnheiten loslassen, neu lernen und dich manchmal sogar ganz neu erfinden. Wir arbeiteten uns – mal unabhängig von der Fotografie – in Berufe vor, für die es lange Zeit nicht mal eine richtige Berufsbezeichnung gab. Ein Schicksal, das nicht nur uns ereilte, sondern viele – vor allem kreative Berufe – betraf. Der Markt ist einfach nicht mehr derselbe wie früher und die Möglichkeiten, damit seinen Lebensunterhalt zu verdienen, sind anders geworden.

Neben Bildagenturen haben auch Verlage an diesem Umstand zu knabbern. Das ist ebenso ärgerlich, aber nun mal die Veränderung. Man kann das bedauern oder für sich nutzen. Freiberufler wie wir haben dadurch – sofern sie es für sich erkennen und nutzen – ganz neue Möglichkeiten der Selbstdarstellung und der Gestaltung von Produkten.

Ihr seht, auch unser Weg zum Glück war ein langer und steiniger, denn wir hatten uns in der Zeit der Selbständigkeit mehrmals dem Wandel anzupassen und nicht immer hatte uns das gefallen. Das war mir einfach auch mal wichtig zu sagen, damit es nicht den Anschein hat, dass uns alles so zugeflogen ist. Ganz im Gegenteil. Das eine oder andere Mal hatten wir sogar ganz schön zu knausern, denn wir wollten den Weg immer gemeinsam gehen. Das hat uns geformt, aber auch oft Kopfzerbrechen bereitet, denn Sicherheiten durch einen festen Job, wie viele andere das „noch" haben oder machen, hatten und wollten wir nicht.

Glaube an dich, glaube an das, was du kannst und was du möchtest

Auf dem Weg zum Ziel kam für uns erschwerend hinzu, dass in unserem Umfeld kaum jemand etwas mit den neuen Berufen wie zum Beispiel dem Bloggen oder Social Media Marketing anfangen konnte. Wir hatten nicht nur damit zu tun, uns selber zu finden, sondern mussten uns über viele Jahre hinweg auch erklären und rechtfertigen.

Was ihr macht, kann doch gar kein Beruf sein. Schon die Tatsache, dass wir von zu Hause aus arbeiten, konnten viele nicht begreifen. Das hat in den Köpfen oft ein verzerrtes Bild ergeben. Dass man zum Geldverdienen das Haus nicht verlässt, konnte und wollte man nicht verstehen. Nicht selten gab es Getuschel darüber, womit wir wohl unser Geld verdienen.

Dabei war das früher – vor der Industrialisierung – mal ganz normal. Auch glaubten viele – selbst in der eigenen Familie – dass wir, nur weil wir von zu Hause aus arbeiten, stets und ständig zur Verfügung stehen müssen. Sie waren richtig echauffiert darüber, wenn man sie, mit der Begründung, dass wir zu arbeiten haben, abgewiesen hatte.

Richtig verrückt wurde es, als wir mit MeerART angefangen haben. Ich weiß nicht, wie oft wir uns anhören mussten, dass wir doch ständig nur an den Küsten unterwegs seien, um Urlaub zu machen. Schon klar...

Was ich damit noch einmal verdeutlichen möchte ist, dass wir dank der Digitalisierung zwar jede Menge neue Chancen bekommen, uns neue Lebens- und Arbeitsmodelle zu erschließen, sie aber in den meisten Köpfen noch nicht angekommen sind. Natürlich ist es kein Urlaub, wenn wir für MeerART an den Küsten unterwegs sind, sondern Arbeit. Nur mit dem Unterschied, dass es eine Arbeit ist, die uns nicht nur Spaß macht, sondern auch erfüllt und allein das ist in unserer Gesellschaft völlig abhandengekommen.

Bei vielen wird der Beruf als ein lästiges Übel angesehen, den man braucht, um sich seinen Lebensunterhalt zu verdienen. Man schleppt sich lustlos zur Arbeit und ist in Gedanken schon längst wieder beim Feierabend oder Wochenende. Das ist genauso furchtbar wie eine nicht funktionierende Ehe. Verschwendete Lebensenergie. Von daher ist es mir so wichtig, Mut zu machen und Brücken zu bauen.

In so vielen Bereichen haben wir schon jetzt die Chance, uns unsere Lebens- und Arbeitswelt anders, lebenswerter zu gestalten. Dazu müssen wir nur unsere Angst ablegen – loslassen – und dem Neuen öffnen. So wie wir es auch getan haben. In unserem Fall verschmelzen Berufs- und Privatleben derart miteinander, dass es uns unmöglich geworden ist, eine Grenze zu ziehen. Das brauchen wir aber auch gar nicht, denn wir sind glücklich mit dem was wir tun. Es erfüllt uns und gibt unserem Leben einen Sinn. Wir leben und lieben unseren Beruf, denn er ist wieder zu einer Berufung für mich/uns geworden. Und genau so macht das Leben für mich Sinn. Der Sinn, nach dem ich früher immer gesucht habe.

Im Übrigen nicht nur in der digitalen Welt. Seitdem wir für MeerART an den Küsten unterwegs sind, haben wir sehr viele Menschen kennenlernen dürfen und viele von ihnen haben sich nochmal eine neue Existenz aufgebaut und ihr altes Leben hinter sich gelassen. Der Wunsch, sich selbst zu verwirklichen, steckt in so vielen von uns. Wir müssen uns nur trauen und aus den alten Mustern ausbrechen.

Schön zu sehen ist, dass viele jüngere Generationen schon jetzt nach dem Sinn im Leben suchen und nicht erst, wenn sie 40 oder 50 sind. Die reine Karriere um jeden Preis steht bei den meisten nicht mehr im Vordergrund, sondern eine sinnstiftende Lebensweise und der Wunsch nach Selbstentfaltung. Auch der Freizeitfaktor und der Wunsch, Zeit für sich selbst und für die Familie zu haben, ist ein anderer geworden. Auch deshalb finde ich für viele Bereiche die Digitalisierung so bereichernd.

Warum uns das Landleben zu glücklichen Menschen macht

Wir beide sind absolute Naturmenschen. Wir lieben die kleinen und großen Wunder in der Natur. Ganz gleich ob an der Küste, im Wald oder im heimischen Garten können wir die Seele baumeln lassen und Kraft tanken. Wir genießen die Stille, die frische Luft und die Lebensqualität, die sie für uns bereithält. Uns beiden ist ein bewusstes Leben unheimlich wichtig geworden, denn schließlich haben wir nur eines. Worauf also warten?!

Wir möchten jeden Augenblick, den das Leben für uns bereithält, genießen, und das am liebsten zu zweit und 24 Stunden rund um die Uhr. Von daher bedeutet es für uns pures Glück, die Zweisamkeit in so einer atemberaubenden Landschaft – wie die in Nordfriesland – leben zu dürfen. Mehr noch, nach alldem wie ich aufgewachsen bin und was ich vorher erlebt habe, entspricht diese Art, wie wir und wo wir leben, meinen persönlichen Traumvorstellungen von einem selbstbestimmten Leben. Darüber hinaus habe ich so für mich meine heile Familienwelt gefunden, nach der ich mich immer so sehr gesehnt habe.

Kurzum, wir zwei sind keine Stadtmenschen, denn dort ist es uns einfach zu laut, zu dreckig, zu hektisch und zu eng. Auch die Vorstellung, erst irgendwo hinfahren zu müssen, um Ruhe zu finden, war für uns stets ein Graus. Zudem hat sich mit den Jahren das Leben in der Stadt völlig verändert. Es wird immer voller, lauter und vor allem auch teurer und, was ich am schlimmsten finde, oberflächlich. Wer kann sich heutzutage noch ein Leben in einer Großstadt wie Hamburg leisten, ohne dafür reichlich Kompromisse eingehen zu müssen? Auch für Familien mit Kindern ist das Leben in der Stadt nicht wirklich entspannend.

Von daher ist es auch kein Wunder, dass mittlerweile mehr Familien davon träumen, der Stadt den Rücken zu kehren und aufs Land zu ziehen. Die Lebensqualität ist eine ganz andere. Zumindest, wenn man darauf steht. Natürlich möchte ich niemanden bekehren, der sich in der Stadt pudelwohl und zu Hause fühlt. Das liegt mir völlig fern. Aber ich möchte denen Mut machen, die mit der Stadt nichts anfangen können – so wie wir – oder vielleicht nur wegen des Jobs dahin gezogen sind. Die meisten werden eines Tages von Heimweh geplagt und haben den Wunsch zurückzukehren. Meist dann, wenn sie selber eine Familie gründen möchten. In der Vergangenheit war das oft nicht möglich. Dank der Digitalisierung ändert sich das, und zwar nicht nur für Selbständige.

In vielen gängigen Berufen ist es auch heute nicht mehr vonnöten, dass sich Angestellte tagtäglich auf den Arbeitsweg machen. Meine Nachbarin zum Beispiel ist Mutti von zwei Kindern. Sie arbeitet in ihrem Beruf als Reiseverkehrskauffrau für ein Hamburger Reiseunternehmen von zu Hause aus. So wie sie machen das inzwischen viele, und zwar nicht nur Frauen, sondern auch Männer. Auch da haben wir im Laufe von MeerART zahlreiche Menschen, Männer wie Frauen, kennengelernt, die dank der Digitalisierung in den unterschiedlichsten Berufen von zu Hause aus arbeiten können. Das spart nicht nur Lebenszeit, die sonst für den Berufsweg draufgeht und der Familie fehlen würde, sondern ist zudem auch gut für die Umwelt.

Total schön mit anzusehen ist, wie viele Frauen und ganz besonders Muttis schon jetzt die Chance ergriffen haben und sich mit neuen Berufsgruppen, wie zum Beispiel dem Bloggen, ein neues Lebens- und Arbeitsmodell erschaffen haben. Passenderweise behandeln sie Themen, die sie selber interessieren, ganz gleich ob Mode, Kosmetik, Wellness, Reisen, Rezepte oder Kinder und bloggen sehr erfolgreich dazu. Sie sind zu Influencern geworden, die den herkömmlichen Werbemarkt richtig aufmischen. Selbst eine ganze Werbeindustrie muss plötzlich neu denken, denn die herkömmlichen Werbemedien sind nicht nur ausgelutscht, sondern kommen beim Verbraucher von heute kaum noch an.

Anfangs hat man Blogger(innen) noch belächelt, aber heute kommt kaum noch ein Unternehmen an ihnen vorbei. Und wer jetzt denkt, das sei einfach nur eine Spielerei, der hat sich noch nie mit einem Blog beschäftigt. Kontinuierlich guten Content zu liefern ist nämlich harte Arbeit, zumindest, wenn du damit erfolgreich sein und Geld verdienen willst. Nur mit dem Unterschied, dass man als Blogger sich die Zeit eben selbst einteilen und das Tempo bestimmen kann – selbstbestimmt eben.

Aber das Geniale ist, es sind nicht nur neue – digitale – Berufe, sondern auch viele klassische, die so gelebt werden können. Was wiederum eine enorme Chance für ländliche Räume bedeutet. Bisher haben viele Regionen mit Landflucht zu kämpfen, aber auch das ändert sich dank der Digitalisierung und der neuen Möglichkeiten, sich seine Arbeitsmodelle zu optimieren.

Noch tun sich viele Unternehmen schwer damit, aber auch sie müssen lernen aufzuwachen. Denn die Zeiten haben sich definitiv verändert. In vielen Unternehmen fehlt es an Personal, ganz gleich ob Fachkräfte, Handwerk, Hotel- und Gastro- oder im allgemeinen Dienstleistungsgewerbe. Die Zeit, in der sich Arbeitnehmer ausbeuten lassen wollen, ist vorbei. Wenn Unternehmen Personal an sich binden möchten, dann sollten sie schleunigst umdenken. Sie müssen lernen, sich für ihr Personal attraktiv zu machen und nicht mehr umgekehrt. Dazu gehören nicht nur bessere Gehälter, sondern auch flexiblere Arbeitsmodelle.

Gerade in den ländlichen Regionen könnten Unternehmen durch ein Umdenken sehr schnell punkten, denn wie gesagt, es haben viele den Wunsch, aus den überfüllten Metropolen zu fliehen, um sich ein attraktives und bezahlbares Leben auf dem Land zu ermöglichen. Diesen Wunsch haben aber nicht nur ältere Personen, sondern auch viele junge Menschen, die nach einem erfolgreichen Studium schon jetzt zurück in ihre Heimatregionen zurückkehren wollen.

Viele von ihnen möchten den Strukturwandel leben. Es ist vielerorts zu beobachten, dass junge Fachkräfte, die keinen Arbeitgeber finden, der, das den Strukturwandel mitgeht, es vorziehen, sich selbständig zu machen. Wer weiß, vielleicht ist das sogar eines Tages die Zukunft. Vielleicht gibt es schon bald mehr Kleinstunternehmer und Freiberufler als große oder mittelständische Unternehmen. Ihr Vorteil wäre, dass sie wesentlich flexibler und schneller auf Marktveränderungen reagieren können als starre Institutionen.

Aber diesen Denkanreiz möchte ich an dieser Stelle so stehen lassen und auf uns zurückkommen.

Warum wir inzwischen Sinnbild für das urbane Leben auf dem Land sind

Als wir 2017 an die Westküste gezogen sind, hätten wir im Traum nicht daran gedacht, dass wir mal Botschafter für unsere Heimat werden. Doch tatsächlich sind wir für viele ein prägendes Beispiel dafür geworden, wie urbanes Leben auf dem Land funktioniert, und zwar mit unserer ganz eigenen, persönlichen Geschichte.

Eine Geschichte, die unsere Leser seit Bestehen von MeerART mitverfolgen dürfen. Sie haben uns nicht nur bei unseren Abenteuern an den Küsten begleitet, sondern auch bei der Suche nach unserem ganz persönlichen Ankerplatz.

Mit unserem Umzug an die Westküste hat sich vieles in unserem Leben weiter verändert, da wir nun Dinge ausleben und ausprobieren können, die uns so in der alten Heimat nicht möglich gewesen wären. Dazu gehört auch unser Atelier „MeerART för to Huus". Mit unserem Atelier sollte ein weiterer Wunschtraum für uns in Erfüllung gehen. Wir wollten Räume schaffen, in denen sich noch mehr Berufliches und Privates vermischen lässt, und das in ganz unterschiedlichen Bereichen.

Eine weitere große Leidenschaft von mir ist das Dekorieren und Einrichten. Ich habe es schon immer geliebt, das eigene Reich zu einer persönlichen Wohlfühlatmosphäre herzurichten. Das Gleiche trifft natürlich auch auf die Arbeitsräume zu, denn dort verbringen wir schließlich einen Großteil unserer Zeit. Mit Ralph habe ich einen Mann an meiner Seite, der die Wohlfühlatmosphäre ebenfalls sehr schätzt. Und so genießen wir es, in unserer Freizeit oder zum Ausgleich der anderen beruflichen Aktivitäten auch unser handwerkliches Geschick auszuleben, indem wir kleine Liebhaberstücke anfertigen.

Maritime Wohnaccessoires, die von uns mit sehr viel Liebe von Hand gefertigt werden und die man nur bei uns im Atelier erwerben kann.

Wir nutzen die Digitalisierung sowohl beruflich als auch privat, ohne den Blick für das menschliche Miteinander zu verlieren. Darum ist unser Atelier auch ein Ort zum Kennenlernen für unsere Leser und Kunden aus der kommerziellen Fotografie geworden. Unsere Atelierräume nennen wir auch liebevoll „unsere Spielwiese", denn dort leben wir Dinge aus, die uns selber Spaß machen.

Bereits im zweiten Jahr haben wir die Veranstaltungsreihe „Abends im Atelier" eingeführt, die inzwischen für viele schon zu einem kulturellen Highlight geworden ist. Dabei machen wir auch hier nichts anderes, als das anzubieten, was wir selber lieben, und zwar gesellige Abende in heimeliger Atmosphäre. Sie bieten eine schöne Möglichkeit zum Netzwerken, was wir persönlich als unheimlich bereichernd und wichtig empfinden. Des Weiteren laden wir regelmäßig zu Coworkings und deutsch-dänischen Netzwerkveranstaltungen ein bzw. bieten individuelle Workshops zu unterschiedlichen Themenschwerpunkten an. Und das Spannende ist, die Entwicklung geht für uns immer weiter.

Wir haben gelernt, einfach auszuprobieren, zu machen und nicht stehen zu bleiben. Darum ist MeerART für uns inzwischen auch nicht mehr nur ein Blog, sondern zu einem umfassenden Projekt geworden. Es ist unser Leben.

Während ich diese Zeilen für dieses Buch schreibe, läuft gerade die zweite Runde der Kampagne „Moin Lieblingsland", die von der Wirtschaftsförderung Nordfriesland ins Leben gerufen wurde, um für die Region zu werben. Aufgrund unserer Geschichte wurden wir gefragt, ob wir nicht die Testimonials für dieses Jahr sein möchten, um auch anderen zu zeigen, wie liebens- und lebenswert Nordfriesland ist. Da es uns eh ein Anliegen ist, noch mehr Menschen zu motivieren, sich ein glückliches und erfülltes Leben zu ermöglichen, haben wir zugestimmt. Es war zwar etwas merkwürdig, sich auf einmal auf so riesigen Plakaten zu sehen, die in Städten wie Hamburg, Lübeck und auch im Kreis Nordfriesland hingen, aber das haben wir in diesem Fall gerne gemacht. Ganz einfach, weil wir mit unserer Geschichte anderen Mut machen und Brücken bauen möchten.

Immer wieder die eigene Komfortzone verlassen

Ihr merkt sicher, dass ich seit einiger Zeit immer von wir spreche und kaum noch von mir als Person. Das liegt ganz einfach daran, dass Ralph und ich mit allem, was wir tun, miteinander verschmolzen sind. Dennoch hat jeder seinen eigenen Freiraum zur Weiterentwicklung. Und da kommen wir dann auch schon wieder auf eine ganz persönliche Weiterentwicklung von mir.

Obwohl ich damals meine Auswanderungspläne begraben habe, schlummert es nach wie vor in mir, mich mit einer anderen Kultur näher zu befassen. Ich bin von Haus aus neugierig und mag es ganz einfach, über den Tellerrand hinauszublicken. Ich glaube, diese Neugierde auf andere Menschen hat mir meine Mom ebenfalls mitgegeben. Zumindest hatte auch sie nie Scheu davor, sich mit anderen Kulturen auseinanderzusetzen.

Seit unserem Umzug an die Westküste sind wir nur noch einen Katzensprung von Dänemark entfernt. Von daher liegt es nahe sich mit dem Nachbarland näher zu befassen. Auch wenn das bedeutet, dass ich dafür mehr als nur einmal meine Komfortzone verlassen muss.

Da ich von Kindheitstagen immer auf den Süden geprägt war, habe ich mit unseren nordischen Nachbarn nie viel am Hut gehabt. Ich kannte es höchstens aus Erzählungen von Mitschülern, die mit ihren Eltern oft die Sommerferien dort verbrachten. Meinen ersten Ausflug nach Dänemark habe ich daher erst mit Ralph erlebt. Noch lange vor MeerART fuhren wir beide mal für einen Tag nach Dänemark. Es war ein schöner Sommertag und wir versuchten, möglichst viele Orte auf unserer Erkundungstour zu streifen. Schon damals ist uns diese hyggelige Atmosphäre aufgefallen. Das hatte uns ziemlich inspiriert und gefallen.

Dennoch vergingen noch etliche Jahre, nämlich bis zu unserem Umzug an die Westküste, bis wir dem Nachbarland mehr Aufmerksamkeit schenkten. Eigentlich war für uns beide klar, dass wir, wenn wir mal in eine Grenzregion ziehen würden, wir von beiden Kulturen partizipieren möchten. Dass das auf einmal so schnell gehen würde, hatten wir anfangs ganz sicher nicht für möglich gehalten.

Wir hatten zwar schon die eine oder andere Tour über die Grenze gestartet, aber eher im touristischen Sinne. Bis zum Beach Camp 2018 in Sankt Peter-Ording. An diesem Barcamp hatten ein paar Dänen teilgenommen, die von dem Format gehört und mal schauen wollten, was sich dahinter verbirgt. Mich hatte besonders fasziniert, dass eine Dänin, obwohl sie nicht perfekt deutsch sprach, einfach so eine Session gewagt hatte. Das hatte mich nicht nur beeindruckt, sondern auch meinen Ehrgeiz gepackt. Ich wusste für mich, dass sich hier eine Chance für etwas ganz Großes bieten könnte. Mir war es wichtig, nicht nur die Kontaktdaten zu tauschen, sondern im Nachgang auch im Austausch zu bleiben – trotz sprachlicher Barrieren.

Ab jetzt begann wieder eine ganz neue und spannende Epoche in meinem Leben. Tatsächlich gelang es uns, in Kontakt zu bleiben und dabei hilft uns momentan sehr, dass die Dänen – gerade im Grenzland – ziemlich gut deutsch sprechen. Eine erste Hilfe, um Hemmschwellen abzubauen, aber das reicht mir nicht. Für mich gehört es einfach dazu, dass man – schon allein aus Höflichkeit – ebenfalls die Sprache erlernt.

Auch wenn mich das mal wieder vor ganz neue Herausforderungen stellt. Die Sprache ist nämlich gar nicht so leicht zu lernen. Auch wenn sie ebenfalls eine germanische Sprache ist, hilft dir das allenfalls im geschriebenen, nicht aber im gesprochenen Wort. Tatsächlich stecke ich noch mitten in dieser Entwicklung, aber ich finde es unheimlich spannend und bereichernd, mich nun nicht nur privat auf das Nachbarland einzulassen, sondern auch beruflich.

Dieses Beispiel mit Dänemark möchte ich an dieser Stelle auch deshalb nennen, weil es ein weiteres schönes Beispiel für meine persönliche Weiterentwicklung ist. Von dänischer Seite wurden wir zu einem internationalen Coworking eingeladen. Auch wenn ich bis zu diesem Zeitpunkt überhaupt nicht wusste, worauf genau ich mich da einlasse und ob ich mich blamieren würde oder nicht, ich wollte unbedingt dabei sein. Damals wusste ich weder wer kommt noch in welcher Sprache gesprochen werden würde. Angekündigt war ein Mix aus Dänisch, Englisch und ein wenig Deutsch. Wie gesagt, mit Dänisch hatte ich bis dahin so gar keine Berührungspunkte und mein Englisch ist, da ich es über zwanzig Jahre nicht mehr gebraucht habe, zugegebenermaßen sehr eingestaubt. Dennoch war ich für mich mutig genug, die Sache durchzuziehen und sogar alleine dort hinzufahren.

Wer gerne mehr über „das erste internationale Coworking" erfahren möchte, kann das auch gerne auf MeerART nachlesen.

Hier findest du den Link zum Beitrag

139

Dort hinzufahren war wieder eine ganz bewusste Entscheidung, die ich keine Sekunde bereut habe. Ich war damals mit zwei Mädels aus Deutschland hingefahren und als wir das internationale Coworking gemeinsam verließen, hatte ich im Beisein der beiden gesagt, dass ich so glücklich und froh sei, meine Komfortzone verlassen zu haben. Beide guckten mich ganz erstaunt an und fragten, wieso, denn für sie war ich der Inbegriff einer mutigen und aufgeschlossenen Frau. Das wiederum hatte mich zutiefst gerührt, denn ich selbst hatte für mich noch nicht ganz verinnerlicht, wie mutig und selbstbewusst ich bereits geworden war.

Warum schreibe ich das? Ganz einfach, weil mich dieses Erlebnis nicht nur total beflügelt hat, sondern weil dieser bewusste Schritt, meine Komfortzone ohne Wenn und Aber zu verlassen, mir unheimlich viel neues Selbstbewusstsein gegeben hat. Und wenn ich ehrlich bin, dann möchte ich auch dir Mut zusprechen, öfters mal deine eigene Komfortzone zu verlassen und dir etwas Neues zuzutrauen. Ganz einfach deshalb, weil du überhaupt keine Angst vorm Versagen zu haben brauchst.

Seit diesem ersten internationalen Coworking in Tønder haben wir an vielen weiteren teilgenommen sowie diverse deutsch-dänische Veranstaltungen oder Barcamps besucht, um nicht nur privat weiteren Anschluss ins Nachbarland zu bekommen, sondern auch beruflich. Selbst bei uns im Atelier haben wir bereits diverse deutsch-dänische Netzwerkstreffen veranstaltet. Der Fleiß zahlt sich aus, sowohl beruflich als auch privat. Auf Dauer geht das natürlich nur, wenn wir der dänischen Sprache mächtig sind und obwohl es nicht leicht für mich ist, diese Sprache zu lernen, beiße ich mich da irgendwie durch. Auch hier half mir mal wieder ein Zufall oder der richtige Moment im Leben (kleine Hommage an das zweite Kapitel).

Da ich keine passende Sprachschule für mich gefunden habe, hörte ich mich nach anderen Möglichkeiten um und erfuhr von dem Tandem-Prinzip. Da tun sich Menschen aus dem jeweiligen Land zusammen, um sich gegenseitig die jeweils andere Sprache beizubringen. In meinem Fall hatte ich das Glück, auf eine Dänin zu treffen, die inzwischen nicht nur eine Tandem-Partnerin für mich ist, sondern mehr und mehr zu einer guten Freundin wird. Damit erfüllt sich ein weiterer Traum aus Kindheitstagen, denn ich hatte mir immer gewünscht, einen grenzübergreifenden Austausch leben zu dürfen.

Meine Reise geht weiter

Eigentlich war es immer mein Wunsch gewesen, dass (m) ein erstes Buch ein gemeinsames mit Ralph wird. Dass wir einen MeerART-Bildband herausbringen mit seinen Bildern und meinen Texten. Stattdessen habe ich es nun gewagt, ein Buch ganz alleine herauszubringen, und dazu noch so ein persönliches. Ein Buch, mit dem ich nicht nur anderen Mut machen möchte, sondern eines, das auch mir noch einmal verdeutlicht, welchen Weg ich für mich gegangen bin und was ich alles geschafft habe. Den Weg, den ich zu gehen hatte und das durchzuhalten, sich selbst treu zu bleiben und unbeirrt weiter zumachen, war ganz sicher kein leichter, aber er hat sich gelohnt.

Ich fühle mich nicht mehr als Opfer. Ich habe den Sinn in meinem Leben gefunden und ich werde diesen Weg mit Bedacht weitergehen.

Ich weiß, dass Eigenlob in unserer Gesellschaft ebenfalls nicht gerne gesehen ist, aber das ist mir egal. Ehrlich gesagt bin ich sogar ganz schön stolz darauf, dass ich mich von meiner prägenden Zeit nicht habe unterkriegen lassen und dass ich trotz allem meinen ganz eigenen Weg gegangen bin und diesen auch zukünftig noch weitergehen werde. Meine Reise ist noch lange nicht zu Ende. Aber schon jetzt kann ich sagen, dass aus einem unglücklichen und von Selbstzweifeln zerfressenen Persönchen inzwischen eine selbstbewusste Frau geworden ist, die nicht nur an sich und ihre Träume glaubt, sondern diese lebt. Wenn ich heute jemanden erzähle, dass ich früher schon in Tränen ausbrach, nur weil man mich schief angeguckt hat, glaubt mir das jetzt kein Mensch mehr. Heute steht eine Person – eine Frau – vor dir, die „ihren Mann" steht.

Manchmal auch schon zum Leidwesen meines Mannes – der mich ebenfalls noch als das Sensibelchen kannte – und dem ich heute viel zu oft ins Wort falle. Auch von ihm bekomme ich immer wieder zu hören, wie sehr ich mich verändert habe. Ganz im positiven Sinne natürlich, denn auch er ist mächtig stolz auf meine Entwicklung. Er war es auch, der mich dazu ermutigt hat, mehr aus meinen Texten zu machen.

Momentan befinde ich mich jedenfalls an einem weiteren Wendepunkt in meinem Leben. Vielleicht war das auch der Auslöser für dieses Buch. Wer weiß. Auf alle Fälle habe ich mit diesem Buch ein weiteres Mal meine Komfortzone verlassen und einfach mal gemacht – ohne Wenn und Aber.

Und wenn du zu meinen Lesern gehörst und dieses Buch bis zum Ende gelesen hast, dann würde es mich freuen, wenn dir meine Geschichte dabei hilft, selbst auch darüber nachzudenken, wie du mehr aus deinem Leben machen kannst. Wir alle, jeder Einzelne von uns, ob Mann oder Frau, haben ein glückliches und selbstbestimmtes Leben verdient. Ganz gleich wie es für jeden Einzelnen von uns aussieht und ob es auf dem Land oder in der Stadt stattfindet, ob digital oder analog – die Hauptsache selbstbestimmt und glücklich.

Wer weiß, vielleicht schreibst du mir und berichtest mir von deiner Reise. Ich würde mich sehr darüber freuen.

Danksagung

Zu jedem Buch gehört natürlich auch eine Danksagung. Das wird bei mir auch nicht anders sein. Ich möchte aber nicht nur danke sagen, sondern das Buch den beiden Menschen in meinem Leben widmen, die immer für mich da waren und an mich geglaubt haben.

Liebe Mom, auch wenn ich dich mit diesem Buch vermutlich das eine oder andere Mal ziemlich berührt habe, möchte ich dir von Herzen danken, dass du mir das Leben geschenkt hast. Vor allem, dass du an mich geglaubt hast und zu mir standest, obwohl du nicht immer jeden meiner Schritte nachvollziehen konntest. Für mich bist du die beste Mami auf der Welt und ich hab dich ohne Ende lieb.

Und natürlich möchte ich meinem Ehemann Ralph danken, der von Anfang an hinter meine Fassade blicken konnte und mich darin bestärkt hat, meinen ganz eigenen Weg zu gehen. Auch wenn du damals nicht hoch zu Ross in mein Leben getreten bist, darf ich mir nun schon seit über zwanzig Jahren das Leben mit dir teilen und ich habe keinen einzigen davon bereut. Ich danke dir dafür, dass ich einfach sein darf. Mit dir an meiner Seite bin ich der glücklichste Mensch auf der Welt. Ich liebe dich von ganzem Herzen.

Ich möchte aber auch allen anderen Menschen danke sagen, die mich in meinem bisherigen Leben begleitet haben – ganz gleich ob im positiven oder im negativen Sinn. Ihr alle habt einen Anteil daran, dass ich so geworden bin, wie ich jetzt bin.

Darüber hinaus möchte ich zwei InselMäusen danke sagen, die uns seit MeerART ganz besonders ans Herz gewachsen sind. Das Wunderbare und kaum zu Beschreibende ist, dass es für diese InselFreundschaft nicht vieler Worte bedarf. Auch wenn es irgendwie merkwürdig klingt, aber hier scheinen sich unsere Herzen und Seelen mehr zu sagen zu haben, als Worte je ausdrücken könnten.

Letztlich möchte ich mich auch bei mir selbst bedanken, dass ich mich niemals habe unterkriegen lassen und dass ich den Mut dazu hatte, dieses persönliche Buch über mich zu schreiben. Die Idee dazu ist mir übrigens beim Yin Yoga gekommen, das ich, seitdem wir in Nordfriesland leben, ausübe und das mir ebenfalls sehr beim Loslassen hilft. Namasté.

Leben,
lieben,
lachen ...

Über mich

Seit vielen Jahren betreibe ich gemeinsam mit meinem Mann Ralph den Blog MeerART. Das Schreiben von emotionalen und mitreißenden Texten ist meine große Leidenschaft. Ich liebe es, mit meinen Zeilen die Leser mit auf eine Reise zu nehmen und ihnen schon beim Lesen das Gefühl zu geben, mitten dabei zu sein.

Meinen ganz persönlichen Ankerplatz habe ich in Nordfriesland gefunden. Dort lebe ich gemeinsam mit meinem Mann und meiner kleinen Katze in einem idyllisch gelegenen Haus unweit der Küste. Ich liebe das Leben und möchte jeden Tag zu einem besonderen machen, deshalb lautet mein Lebensmotto auch: Leben, lieben, lachen.

Mehr zur gemeinsamen Lebensphilosophie: www.MeerART.de

Das Kreativ-Duo hinter MeerART

Das sind wir, Claudia und Ralph. Ein glückliches Ehepaar, das sich seit über 20 Jahren nicht nur Beruf und Privatleben teilt, sondern auch die Liebe zum Norden und zum Meer. Bei uns verschmelzen das Berufs- und Privatleben, denn wir lieben was wir tun.

Wir beide leben und arbeiten im Land zwischen den Meeren. Es ist unsere Heimat und unser Ankerplatz. Unser Norden erdet uns in einer schnelllebigen, oft unübersichtlichen Welt. Diese Liebe auch ein Stück von unserer Lebensphilosophie möchten wir teilen und weitergeben.

Durch MeerART durften wir so viele tolle Menschen und Projekte kennenlernen, dass es uns ein Bedürfnis war, auch außerhalb der virtuellen Welt einen Ort der Begegnung zu schaffen – unser Atelier „MeerART för to Huus".

Blog: www.MeerART.de

MeerART för to Huus
Das Atelier in Langenhorn / Nordfriesland

Wenn du das Meer mit all seinen Facetten genauso liebst wie wir, dann bist du bei uns genau richtig. Mit unseren Bildern und Wohnaccessoires möchten wir dich dazu inspirieren, dein Zuhause zu deinem ganz persönlichen Wohlfühlort zu machen. Einem Ort, der Geschichten erzählt und deine Individualität zum Ausdruck bringt. Angesichts zunehmender Hektik im Alltag ist es um so wichtiger, sich sein Zuhause in eine hyggelige Wohlfühlatmosphäre zu verwandeln. Der maritime Wohnstil eignet sich dazu besonders gut, denn er wirkt beruhigend und ist Balsam für die Seele.

Hol dir das Meer nach Hause

Bestimmt hast du schon mal davon gehört, dass im Norden die glücklichsten Menschen leben. Wir glauben, dass das Meer und die nordische Lebensart einen großen Anteil daran haben. Es kann zwar nicht jeder am Meer wohnen, es sich nach Hause holen aber schon. Mit MeerART för to Huus holst du dir das Meer nach Hause.

Wir freuen uns auf dich.
Claudia und Ralph

Atelier: www.MeerART-Atelier.de